Doris Stöhr-Mäschl

10 Minuten für meine Schüler

STRESS bewältigen

Mit effektiven Übungen Druck und Angst in der Schule entgegenwirken

Verlag an der Ruhr

Impressum

Titel

10 Minuten für meine Schüler – Stress bewältigen

Mit effektiven Übungen Druck und Angst in der Schule entgegenwirken

Autorin

Doris Stöhr-Mäschl

Titelbildmotiv

Feder © makuba – Fotolia.com

Druck

Heenemann GmbH & Co. KG, Berlin, DE

Verlag an der Ruhr
Mülheim an der Ruhr
www.verlagruhr.de

Geeignet für die Klassen 5–10

ISBN 978-3-8346-4047-5

Inhaltsverzeichnis

Vorwort

Stress ist keine Frage des Alters, der Bildung oder der Herkunft. Stress gehört zu unserem modernen Leben und wir müssen lernen, mit ihm zurechtzukommen, damit wir gesund bleiben. So beantwortete ich vor ca. 15 Jahren die Frage älterer Mitbürger* in meinem Umfeld, warum denn bereits Schüler Entspannung bräuchten.
Lernstress, Leistungsdruck, erhöhte gesellschaftliche und familiäre Erwartungshaltung sowie der **Drang nach permanenter Selbstoptimierung** haben in den letzten Jahren besonders unter Schülern (und auch unter Lehrern) stetig zugenommen und erfordern ein Umdenken aller am Erziehungsprozess Beteiligten. So gewinnt der Einsatz entspannungsfördernder Auszeiten für Lehrer und Schüler immer mehr an Bedeutung, wenn es darum geht, eine lernfördernde Atmosphäre im Klassenzimmer zu schaffen.
Die Zahl der Lehrkräfte, die den Nutzen von **Entspannungs- und Aktivierungsübungen** und **kleinen mentalen Auszeiten** schätzen, wächst fortwährend. Sie bauen gezielt Übungen in den Unterricht ein und **stärken damit die Konzentrationsfähigkeit, die Motivation und die Aufnahmefähigkeit** ihrer Schüler. Der für die Übungen benötigte Zeitaufwand macht sich in der Regel schnell durch erhöhte Ruhe und verbesserte Mitarbeit bezahlt. Lehrer profitieren von regelmäßig durchgeführten „Auszeiten" und finden schneller wieder in den für die Wissensvermittlung so wichtigen Sendungsmodus. Zu spüren, wie die Anspannung im Körper sinkt, die Atmung ruhiger wird, die Muskeln sich entspannen und der Geist wacher und aufnahmefähiger wird, empfinden viele Schüler (und auch Lehrer) als sehr angenehm und bereichernd.
In diesem Buch erfahren Sie, wie Sie dem Stressverhalten Ihrer Schüler mit strukturierten und leicht durchführbaren Entspannungseinheiten begegnen können. Mit einer Reihe von Atemübungen, mentalen Übungen, Muskel- und Bewegungsübungen, Fantasiereisen, Entspannungs- und Wahrnehmungsübungen können Sie bei regelmäßiger Durchführung **schnell Ruhe in die Klasse bringen** und das **Konzentrationsvermögen des Einzelnen auf angenehme Weise fördern**.

Ein Großteil der in diesem Buch vorgestellten Trainingseinheiten entstand in meiner täglichen Zusammenarbeit mit Schülern der **Klassen 5–10**. Ziel war es, den Jugendlichen ein Werkzeug an die Hand zu geben, mit dem sie in wenigen Minuten ihren

---

* Aus Gründen der besseren Lesbarkeit haben wir in diesem Buch durchgehend die männliche Form verwendet. Natürlich sind damit auch immer Frauen und Mädchen gemeint, also Lehrerinnen, Schülerinnen etc.

Körper und Geist spürbar und **bei regelmäßigem Einsatz nachhaltig in Balance bringen** können. Die hilfreichen Anregungen und Rückmeldungen meiner jugendlichen Trainingsteilnehmer konnte ich in die Ausarbeitung meiner Übungen gewinnbringend einbeziehen.
Die aus dieser praktischen Zusammenarbeit entstandenen Übungen können Ihnen als Pädagoge helfen, ohne großen Aufwand eine wohltuende, konzentrationsfördernde und für die Wissensvermittlung **positive Lernatmosphäre zu schaffen**. Alle Übungen können aber auch im Jugendbereich, bei Weiterbildungen und in der Freizeit durchgeführt werden.

Herzlichen Dank den lieben Lehrern und Schülern, die mich bei der Entwicklung der Übungen auf so nette und bereichernde Weise unterstützt haben. Besonders erwähnen möchte ich Anton, Eva, Bernhard, Florian und Christina, die sich stets mit großer Begeisterung als Testpersonen zur Verfügung gestellt haben.

Ich wünsche Ihnen und Ihren Schülern viel Spaß und eine gute Entspannung!

Doris Stöhr-Mäschl

Stress in der Schule

Wenn wir uns der Bedeutung von Stress aus physiologischer Sicht nähern, erkennen wir in uns einen wunderbar funktionierenden biologischen Mechanismus, der uns mit einem Überlebensprogramm vor Gefahren für Leib und Leben schützt. So reagiert unser Körper in einer Gefahrensituation mit der Aktivierung unseres „Turboladers" – des Sympathikus, eines Nervengeflechts, das bei erhöhter Anspannung die erforderlichen Kraftreserven im Körper mobilisiert und in Sekundenschnelle eine ordentliche Portion Energie freisetzen kann. Einmal in Alarmbereitschaft versetzt, schüttet unser Körper Stresshormone aus, wie z. B. Adrenalin, unser Fluchthormon, und Cortisol, unser Kampfhormon, das uns zur körperlichen Auseinandersetzung antreibt. Wir spüren die Ausschüttung durch einen forcierten Herzschlag, einen erhöhten Pulsschlag und eine unregelmäßige und schnelle Atmung. Die für diese zusätzliche körperliche Leistung – Flucht oder Kampf – benötigte Energie wird im Falle einer Extremsituation von anderen Bereichen abgezogen. Deswegen muss unser Gehirn in dieser Extrembelastung mit weniger Sauerstoffzufuhr auskommen. Ein erhöhter Herzschlag, eine schnellere Atmung, Konzentrationsprobleme, innere Unruhe bis hin zum bekannten Blackout können die für uns spürbaren Folgen sein.
Während die Stressreaktion unseres Körpers in den Jahrtausenden unserer Evolution gleich geblieben ist, haben sich die Stressauslöser sehr verändert. Viel häufiger als früher setzen sich Schüler heutzutage selbst unter Druck, erwarten von sich Höchstleistungen und zeigen einen ausgeprägten Perfektionsdrang.

Das ständige Sich-Vergleichen in sozialen Netzwerken kurbelt die oft angstauslösende Gedankenspirale und das Gefühl, nicht zu genügen, zusätzlich an.
Obwohl die Anforderungen in unseren Schulen nicht messbar gestiegen sind, zeigen immer mehr Schüler deutliche Anzeichen einer chronischen Überforderung, die sich beispielsweise durch Konzentrationsstörungen, Müdigkeit, Nervosität, Unsicherheit, Aggressivität und Angstzustände äußern kann. Diese werden von Schülern und Lehrern gleichermaßen vermehrt vor und nach Leistungsabfragen wahrgenommen. Erschwerend kommt hinzu, dass sich die jungen Heranwachsenden der Klassen 5–10 in einer Phase des Übergangs in die Erwachsenenwelt befinden und emotionsproblematische Verhaltensweisen, wie Respektlosigkeit, Wut, Aggressionen und Ängste, zusätzlich bewältigt werden müssen.

Der Trend zur Selbstoptimierung, um sich in unserer Gesellschaft behaupten zu können, bekommt bei unseren Schülern einen immer höheren, leider auch krank machenden Stellenwert. Sahen sich Lehrer in vergangenen Jahrzehnten einer eher

schwer zu motivierenden Generation gegenüber, finden sie in heutigen Klassenzimmern mehr und mehr eine Schülerschaft vor, die sich einer Leistungselite zugehörig fühlen möchte und sich im Wettbewerb mit anderen schon sehr früh unter Druck setzt.
Als Lehrkraft sind Sie dieser Entwicklung nicht hilflos ausgeliefert. Während meiner zahlreichen mit Schulklassen durchgeführten Entspannungseinheiten konnte ich bei vielen Schülern sowohl im sozial-emotionalen Bereich als auch im Bereich der Aufmerksamkeit und Aufnahmefähigkeit erstaunliche Verbesserungen feststellen. Mit den regelmäßig in den Unterrichtsalltag integrierten Entspannungsübungen schafften es immer mehr Schüler, einen wohltuenden und emotional positiven Zugang zur eigenen Innenwelt zu finden, und lernten, durch eine gezielte und entspannungsfördernde Wahrnehmungslenkung ihre Widerstandskraft zu stärken. Die Erfahrung, mit kleinen Auszeiten eine so große Wirkung erzielen zu können, empfanden viele Schüler als abwechslungsreiche Bereicherung und fühlten sich dadurch zunehmend gestärkt und ausgeglichen.
Damit Stille und Gelassenheit im Schulalltag nachhaltig verankert werden können, empfehle ich ausdrücklich, die in diesem Buch **vorgestellten Übungen regelmäßig und frühzeitig**, bereits in der Unterstufe beginnend, als Entspannungsritual **ein- und durchzuführen**.

Wichtig: Motivieren Sie die Schüler, ohne groß Druck auszuüben.
Die anfängliche Zurückhaltung legt sich meist im Verlauf des Schuljahres.

Methoden der Stressbewältigung

Dieses Buch enthält ein ausgewähltes Spektrum an Entspannungs- und Aktivierungseinheiten, die mit Schülern der Jahrgangsstufen 5–10 durchgeführt und von diesen als positiv bewertet wurden.
Da die Schüler Entspannung sehr unterschiedlich wahrnehmen und annehmen, habe ich die Übungen in fünf Untergruppen aufgeteilt. So können Sie sich den Bedürfnissen der Schüler anpassen bzw. neue, für viele Schüler noch unbekannte Varianten der Entspannung testen.

Die dargestellten **Atemübungen** (ab S. 13) eignen sich gut für eine meditative Kurzentspannung zu Unterrichtsbeginn oder auch für zwischendurch, um großer Anspannung entgegenzuwirken. Mit einer bewussten Atemwahrnehmung lernen die Schüler, ihre Aufmerksamkeit auf den Körper zu lenken und sich somit in Stresssituationen mental und körperlich zu entspannen. Jede Atemübung kann je nach Zeitkontingent sowohl allein als auch als Einstiegsübung jeder anderen Entspannungseinheit vorangestellt werden.

Die **mentalen Übungen** (ab S. 31) eignen sich besonders vor oder nach Leistungsabfragen und erzeugen durch eine gezielte Gedankenlenkung eine schnelle Beruhigung im Klassenzimmer. Die Fähigkeit, die eigenen Gedanken steuern und somit auf das eigene Stressverhalten Einfluss nehmen zu können, erzeugt geistige Entspannung und stärkt zusätzlich das Selbstvertrauen vieler Schüler. Regelmäßig durchgeführt, können mentale Übungen eine stimmungsaufhellende und gemeinschaftsfördernde Wirkung in der Klasse erzielen.

Die muskelbetonten **Aktivierungsübungen** (ab S. 51) sorgen besonders nach langen Sitz- und Konzentrationsphasen für eine willkommene Auflockerung der oftmals verspannten Muskulatur und wirken im Anschluss beruhigend auf Körper und Geist. Die vermehrt vor Schulaufgaben und Prüfungen ausgeschütteten Stresshormone, wie Cortisol und Adrenalin, werden durch die Bewegung reduziert und das kann ausgleichend auf das körperliche und geistige Wohlbefinden wirken. Körperübungen werden vor allem von unruhigen und zappeligen Schülern gerne angenommen und als angenehm beschrieben.

Ruheübungen (ab S. 71) können in Phasen starker kognitiver Anspannung für Auflockerung und geistige Frische sorgen. Sie lenken die Wahrnehmung auf die eigenen Körperfunktionen und auf die unmittelbare Umgebung der Schüler. Auch als entspannte Hinführung zu einem Thema oder als Ritual zu Beginn einer Stunde wirken die ruhigen Beobachtungsübungen erfrischend und entspannend. Mit allen Sinnen zu einer wohltuenden, tiefen körperlichen und mentalen Ruhe zu kommen, wirkt sich positiv auf die Gefühlswelt und das Verhalten aus. Das Lernen wird durch kleine Ruheübungen als stressfreier empfunden.

Achtsamkeitsübungen (ab S. 89) sind ein gutes Konzentrations- und Gedächtnistraining und sorgen auf entspannte Weise für ein wenig Abwechslung im Unterricht. Die Schüler lernen, ihre Aufmerksamkeit auf den Körper oder das nähere Umfeld zu lenken und auch dort zu bleiben. Der regelmäßige Einsatz dieser Übungen stärkt die Selbstwahrnehmung der Schüler und vermittelt ihnen, wie bereichernd und entspannend kurze Auszeiten für den Erhalt der Leistungsfähigkeit sein können.

Zur Umsetzung der Übungen

Damit der Einstieg in die Entspannung problemlos gelingen kann, sollten Sie sich im Vorfeld mit dem **Inhalt der Übungen** vertraut machen. Für einige Übungen ist der **Einsatz von Entspannungsmusik** sinnvoll; Sie finden dazu jeweils entsprechende Hinweise. Für diese Einheiten sollten Sie vorab eine **Musikauswahl treffen**, um auch darauf vorbereitet zu sein.
Alle **Texte**, die von Ihnen vorgelesen werden, sind mit einem kleinen **Sprechblasen-Icon** markiert, sodass Sie schnell erkennen können, wo die Übungen beginnen.
Führen Sie die Übungen mit einer **ruhigen, angenehm gleichmäßigen Stimmlage** durch. Zu laut und gekünstelt vorgetragene Übungen wirken nicht echt und lenken Ihre Schüler vom Inhalt ab. Beachten Sie die **mit Punkten gekennzeichneten Verschnaufpausen**. Längere **Sprechpausen** sind als Zeitangabe notiert und sollen den Schülern Zeit zum Nachdenken und Nachspüren geben.
Manche Übungen können **bei entspannungsunerfahrenen Schülern** zu Unsicherheiten, wie Lachzwang, und verbalen Störungen führen. Wecken Sie deshalb das Interesse an Entspannung, indem Sie den Schülern neue Übungen stets als **kleines Experiment** verkaufen. Experimente können entweder klappen oder nicht, das mindert den Erfolgsdruck auf beiden Seiten und führt zu größerer Gelassenheit.
Kurzreflexionen am Ende der Übungen geben die Möglichkeit eines kurzen Erfahrungsaustausches, sind aber für den Entspannungserfolg nicht ausschlaggebend.
Alle Übungen lassen sich in der Regel gut in den Schulalltag integrieren und können sowohl im **Klassenzimmer als auch im Freien** schnell und ohne großen Aufwand durchgeführt werden.

Sorgen Sie zu Beginn der Übung immer für eine gute Durchlüftung. Mit wohlriechenden Düften, z. B. Zitrusdüften lässt sich eine schöne Entspannungsatmosphäre zaubern. Greifen Sie dabei zu natürlichen hochwertigen Duftölen, z. B. von Primavera, und vermeiden Sie die meist als störend empfundenen Räucherstäbchen oder allzu aufdringliche Duftkerzen.

Wählen Sie einen **ruhigen, gut temperierten Raum**. Wenn Sie die Möglichkeit haben, den Raum abzudunkeln, dann greifen Sie gerne darauf zurück. Jugendliche können sich im Schutz der Dunkelheit meist eher fallen lassen.

Eine ruhige und angenehm tiefe Stimme sowie **leise Entspannungsmusik** erleichtern den Übungseinstieg und fördern die Mitmachbereitschaft der Schüler. Stellen Sie Boxen oder CD-Player vor Beginn der Übung bereit.

Wichtig: Ruhige Entspannungsklänge können bei den Übungen die Entspannungsbereitschaft und -tiefe der Schüler positiv beeinflussen. Die leisen Klänge laden zudem zum „mentalen" Festhalten ein und lassen die Schüler schneller zur Ruhe kommen.

Für einige Übungen werden **Matten** gebraucht, hier können Sie auf ganz normale Yoga-Matten oder einfache Teppichfliesen zurückgreifen. Eine Decke erfüllt auch ihren Zweck – greifen Sie zu dem, was Sie gerade dahaben. Bei anderen Übungen können Sie zwischen Stühlen und Matten wählen. Wenn Sie sich dafür entscheiden, die Übung auf Matten durchzuführen, denken Sie daran, den Text der Übung entsprechend anzupassen.

Besprechen Sie vor dem ersten Einsatz den **Sinn und die Wirkung** von Entspannungsübungen und wecken Sie dadurch die Neugier und die Motivation zum Mitmachen. Bereits vorhandene Kenntnisse und Erfahrungen zur Stressbewältigung können hierbei berücksichtigt werden.

Entspannungsübungen **vor oder nach intensiven Lernphasen** oder zu Beginn von späteren Unterrichtsstunden schaffen muskuläre Lockerung und sorgen für geistige Erfrischung. Die Konzentrations- und Aufmerksamkeitsspanne kann auf diese Weise effektiv trainiert oder wiederhergestellt werden.

Während der Übungen können in seltenen Fällen ungewohnte Empfindungen, wie Taubheitsgefühle in Armen oder Beinen oder Muskelzucken, aufkommen und verunsichern. Diese sind normalerweise unbedenklich und treten nach mehrmaligem

Üben nicht mehr auf. Ein **langsames und Kreislauf schonendes Aufrichten** verhindert in der Regel das Auftreten von Schwindel.

Wichtig: Lassen Sie Ihre Schüler zu Beginn der Übungen kräftig gähnen. Beim Gähnen werden Anspannungen gelöst, die Bauchatmung wird aktiviert, die Augen werden befeuchtet und die Durchblutung wird angeregt.

Entspannung und Ruhe wird von uns Menschen sehr unterschiedlich wahrgenommen. Ein **Bewerten und Vergleichen** von Entspannungstiefe oder Entspannungsempfinden sollte deshalb **unterbleiben**.

Um einen **störungsfreien Durchlauf** der Übungen zu gewährleisten, ist es ratsam, die Übungen nur abzuhalten, wenn ausreichend Zeit zur Verfügung steht.
Ein hastiger Ablauf führt schnell zur Ablehnung von Entspannung, da der gewünschte körperliche Effekt meist nicht wahrgenommen und als angenehm empfunden werden kann.

Seien Sie den Schülern ein **entspanntes Vorbild** und befassen Sie sich stets im Vorfeld mit den Übungen. Nur wer als Lehrer weiß, wie sich Entspannung anfühlt, kann dies auch authentisch vermitteln.

Wichtig: Freiwilligkeit ist das oberste Prinzip. Machen Sie die Übungen mit, das motiviert die Schüler zusätzlich.

Kurze Auszeiten helfen, aufkommenden Stress schneller zu bewältigen bzw. ganz zu verhindern. Aufgrund zahlreicher wissenschaftlicher Beweise können Entspannungsübungen zwar einen **wichtigen gesundheitlichen Beitrag** leisten, stellen jedoch kein Allheilmittel bei schulischen Lernproblemen oder Verhaltensauffälligkeiten dar. Schüler, die in **erhöhtem Maße** an **psychosomatischen Beschwerden** und **Überforderungssymptomen**, wie Kopfschmerzen, Ermüdung, mangelnder Konzentration, starker Unruhe, auffallenden Rückzugstendenzen und Ängsten, leiden, sollten stets dem Schulpsychologen oder einer Beratungsstelle vorgestellt werden.

Wenn bei einem Schüler eine Anfallserkrankung, z.B. Epilepsie, chronisches Asthma oder angeborene Herz- und Kreislauferkrankungen, vorliegt, sollte eine Teilnahme an den **Übungen kurz mit den Eltern** bzw. mit einem **Arzt abgeklärt werden**.

1

KAPITEL

Mit Atemübungen den STRESS bewältigen

Atemübungen spielen bei der Entspannung des Körpers eine zentrale Rolle. Obwohl das Atmen ein autonomer Vorgang ist, der ohne unser Zutun abläuft, können wir dennoch bewusst in diesen Prozess eingreifen. Jeder von uns kennt die Momente, in denen unser Körper in einem Zustand höchster Erregung oder Anspannung nach mehr Atemluft schnappt. Das kann bei erhöhter körperlicher Anstrengung, z. B. beim Sport, ebenso sein wie bei psychischen Belastungen, z. B. bei Prüfungen. Bei andauernden und extremen Belastungen wird unser Überlebensprogramm aktiviert, das die Grundversorgung der Muskulatur und der Organe mit Sauerstoff sichert. Dieses Programm erfordert von Herz und Lunge ein Höchstmaß an Leistung, da innerhalb kürzester Zeit alle für eine körperliche Verteidigung oder für die schnelle Flucht aus der Gefahrenzone erforderlichen Energieressourcen aktiviert werden müssen. Wir nehmen diesen Stresszustand durch eine flache und schnelle Brustatmung wahr. Um diese Unterversorgung so schnell wie möglich in den Griff zu bekommen, haben wir die Möglichkeit, in eine bewusste und willentliche Atmung umzuschalten. Dies geschieht durch eine vom Zwerchfell unterstützte achtsame Bauchatmung, die innerhalb kürzester Zeit zu einer angenehmen Beruhigung und Entspannung führt. Mit den folgenden Atemübungen lernen die Schüler die Atmung als Instrument der inneren Beruhigung, z. B. vor Leistungsabfragen, kennen. Sie entwickeln somit ein Bewusstsein, wie sich eine verlangsamte Bauchatmung stabilisierend auf die Lern- und Konzentrationsfähigkeit auswirken kann.

Tipp

Starten Sie den Unterricht so oft wie möglich mit einer kurzen Atemübung. Das bewusste Atmen zwischendurch sorgt für Ruhe im Klassenzimmer und hilft, die Aufmerksamkeit schneller wiederherzustellen.

Die verwendeten Atemübungen sind:

Kapitel 1

Atmen und lockern

Materialien	✓ evtl. Entspannungsmusik und Abspielgerät, Stühle
Zielsetzung und Einsatzmöglichkeiten	✓ Lockerung der Hals-, Nacken- und Schultermuskulatur ✓ Stressabbau durch bewusstes Atmen ✓ Energieübung bei aufkommender Unruhe und mangelnder Konzentration
Vorbereitung	✓ Die Schüler sitzen in aufrechter Sitzposition. ✓ Starten Sie die Entspannungsmusik, falls erwünscht.

Hinführung

Geometrie bestimmt unseren Alltag mehr, als wir dies oft wahrnehmen. Ob Kreise, Quadrate, Dreiecke oder Trapeze, viele der Formen findest du im häuslichen Bereich, in Schule und Umwelt wieder. Lenke doch mal deine Gedanken zu der Kreisform und überlege, welche fünf kreisförmigen Gegenstände in deinem Kopf auftauchen? Findest du fünf Dreiecke bei dir zu Hause oder in der Schule?
Bei der folgenden Übung kannst du deine Hals- und Nackenmuskeln trainieren und lockern. Zeichne mit deinem Kopf die geometrischen Linien langsam und muskelschonend nach.

Durchführung

Ich setze mich aufrecht auf meinen Stuhl ... Meine Füße stehen schulterbreit mit gutem Kontakt auf dem Boden ... Meine Hände hängen seitlich neben dem Körper nach unten ... Mein Rücken spürt die Stuhllehne ... Meine Augenlider fallen für einen Moment locker nach unten ...

In diesem Moment der beginnenden Ruhe stelle ich mir gedanklich einen kleinen Kreis vor ... Ich atme tief ein und zeichne dabei mit meinem Kopf einen Kreis nach. Ich atme entspannt, meinen Kopf im Kreis bewegend, wieder aus ... Ich wiederhole die Kreisatmung in die andere Richtung und atme noch mal tief ein und langsam wieder aus ... Ich spüre meine weichen Hals- und Nackenmuskeln, während ich in Ruhe weiteratme ...

Ich stelle mir nun gedanklich ein Dreieck vor ... Ich atme tief ein und zeichne dabei mit meinem Kopf ein Dreieck nach ... Meine Schultern bilden die unteren Eckpunkte des Dreiecks ... Ich atme entspannt, meinen Kopf im Dreieck bewegend, wieder aus ... Ich wiederhole die Dreiecksatmung in die andere Richtung und atme noch mal tief ein und langsam wieder aus ... Ich spüre meine weichen Hals- und Nackenmuskeln, während ich in Ruhe weiteratme ...

Ich stelle mir nun gedanklich ein Quadrat vor ... Ich atme tief ein und zeichne dabei mit meinem Kopf ein Quadrat nach ... Meine Schultern bilden die unteren Eckpunkte des Quadrates ... Ich atme entspannt, meinen Kopf im Quadrat bewegend, wieder aus ... Ich wiederhole die Quadratatmung in die andere Richtung und atme noch mal tief ein und langsam wieder aus ... Ich spüre meine weichen Hals- und Nackenmuskeln, während ich in Ruhe weiteratme ...

Ich stelle mir nun gedanklich ein Rechteck vor ... Ich atme tief ein und zeichne dabei mit meinem Kopf ein Rechteck nach ... Meine Schultern bilden die unteren Eckpunkte des Rechteckes ... Ich atme entspannt, meinen Kopf im Rechteck bewegend, wieder aus ... Ich wiederhole die Rechteckatmung in die andere Richtung und atme noch mal tief ein und langsam wieder aus ... Ich spüre meine weichen Hals- und Nackenmuskeln, während ich in Ruhe weiteratme ...

Ich streife abschließend mit beiden Händen meinen Hals-Nacken-Schulter-Bereich aus ... Ich strecke und dehne mich in alle Richtungen ... Ich spüre noch mal für eine kurze Zeit der Entspannung und Wärme in meinen Muskeln nach.
→ ***ca. 1 Min. Pause***

Optionale Kurzreflexion

✓ Wie fühlen sich deine Schulter- und Nackenmuskeln an?

✓ Kannst du nach dieser Übung eine Veränderung gegenüber vorher erkennen?

Atmen und spüren

Materialien	✓ evtl. Entspannungsmusik und Abspielgerät, Matten
Zielsetzung und Einsatzmöglichkeiten	✓ Selbsterfahrung und Selbststeuerung durch bewusste Atmung ✓ bewusstes Wahrnehmen des Körpers ✓ Kennenlernen von Maßnahmen und Verhaltensweisen, die zu einer gesundheitsförderlichen Lebensführung und damit zur Gesunderhaltung des Körpers beitragen ✓ Ruheförderung für mehr Gelassenheit vor Prüfungen
Vorbereitung	✓ Die Schüler nehmen eine entspannte Liegeposition in Rückenlage ein. ✓ Starten Sie die Entspannungsmusik, falls erwünscht.

Hinführung

Im Alltag funktioniert unser Körper meist ohne unser Zutun. Er atmet, er durchblutet, er kühlt, er wärmt, er meldet uns Hunger, er sagt uns, wann wir trinken sollen, er denkt, er lernt und er bewegt sich. Dies und noch viel mehr leistet unser Körper, ohne dass wir uns darüber groß Gedanken machen. Erst wenn wir mal krank sind, lernen wir, unseren Körper bewusster zu spüren, Schmerzen wahrzunehmen, uns vor Wärme oder Kälte zu schützen, weniger zu essen, mehr zu trinken oder uns einfach mal Ruhe zu gönnen.

Wer lernt, auch seinen gesunden Körper mehr zu beachten und zu beobachten, kann einer Überforderung oder einer beginnenden Erkrankung viel schneller entgegenwirken. Schenke deinem Körper mit dieser folgenden Übung die Beachtung, die er verdient. Du hast nur diesen einen Körper, der dich dein Leben lang begleitet.

Durchführung

Ich liege nun flach auf dem Rücken ... Meine Beine fallen leicht auseinander ... Meine Arme liegen schwer neben meinem Körper ... Meine Augenlider fallen für einen Moment locker nach unten ... Mein Atem fließt angenehm weich durch meinen Körper ... Mein Körper beginnt, ruhiger und entspannter zu werden ... Störende Geräusche treten mit jedem Atemzug in den Hintergrund und werden unwichtig ...

In diesem Moment der beginnenden Ruhe konzentriere ich mich, so gut ich kann, auf meine Ein- und Ausatmung ...

Ich gehe mit meinen Gedanken zu meiner Nase und atme entspannt ein und aus ... Ich beobachte die Bewegungen meiner Nasenflügel, während ich atme ... Lasse sie größer und kleiner werden ... Ich fühle die Temperatur der einströmenden Luft in meiner Nase ... Ich atme weiter ein und aus ... Ich fühle die Temperatur der ausströmenden Luft in meiner Nase ... Ich atme weiter ein und aus ...

Ich beobachte die Bewegungen meiner Bauchdecke ... Ich atme weiter ein und aus ... Ich lasse meinen Bauch ganz groß werden ... Ich atme weiter ein und aus ... Ich ziehe meinen Bauchnabel weit nach innen ... Ich atme weiter ein und aus ... Ich beobachte das Zusammenspiel von Nase und Bauch ... Ich atme weiter ein und aus ...

Ich beruhige meine Atmung und lasse sie langsamer werden ... Ich atme langsam ein und aus ... Ich spüre, wie mit jedem ruhigen Atemzug meine Gedanken, mein ganzer Körper ruhiger und ruhiger werden, und lasse mich tief in diese Ruhe fallen ...
→ ***ca. 2 Min Pause***

Ich beende nun die Übung ... Ich strecke und recke mich so gut ich kann ... Ich öffne meine Augen, fühle mich wach und fit und komme in meinem Tempo in die Sitzposition zurück ...

Atmen und beruhigen

Materialien	✓ evtl. Entspannungsmusik und Abspielgerät, Stühle
Zielsetzung und Einsatzmöglichkeiten	✓ Einüben einer effektiven Selbststeuerungstechnik ✓ Aktivierung und Gesunderhaltung des Körpers durch bewusste Atmung ✓ Beruhigung während anstrengender Unterrichtsstunden ✓ Stressabbau vor Leistungsabfragen
Vorbereitung	✓ Die Schüler nehmen eine aufrechte Sitzposition ein. ✓ Starten Sie die Entspannungsmusik, falls erwünscht.

Hinführung

Stelle dir bei dieser Übung einen Luftballon vor, den du mit deiner Atemluft größer und kleiner werden lässt. Vergleiche diesen Luftballon mit deinem Bauch. Auch dieser lässt sich mit deiner Atemluft vergrößern und wieder verkleinern. Teste doch mal mit diesem Experiment die Macht und die Wirkung deiner bewussten Atmung.

Durchführung

Ich setze mich aufrecht auf meinen Stuhl ... Meine Füße stehen schulterbreit mit gutem Kontakt auf dem Boden ... Meine Hände hängen seitlich neben dem Körper nach unten ... Mein Rücken spürt die Stuhllehne ... Meine Augenlider fallen für einen Moment locker nach unten ...

In diesem Moment der beginnenden Ruhe stelle ich mir vor, dass meine beiden Handflächen einen kleinen Ballon umschließen ... Meine Fingerspitzen berühren sich leicht ... Ich atme ein und lasse meinen Handballon und meinen Bauchballon mit meinem Einatmen größer werden ... Mein Bauch wölbt sich weit nach außen ... Ich atme wieder aus und lasse meine Finger zur Mitte zusammenkommen ... Mein Bauchnabel zieht sich zeitgleich tief nach innen ...

Ich atme ein und lasse dabei meinen Hand- und Bauchballon wieder größer werden ... Meine Fingerspitzen öffnen sich und umschließen den imaginären Handballon ... Meine Bauchdecke wölbt sich weit nach vorn ...

Ich wiederhole nun mit jedem Atemzug das Öffnen und Schließen von Hand- und Bauchballon und konzentriere mich ganz auf meinen Rhythmus ... Ich beobachte, wie ich im Rhythmus meiner Atmung ruhiger und entspannter werde, und bleibe mit meinen Gedanken ganz bei meiner Atmung ...

Ich spüre die beruhigende Wirkung meiner bewussten Bauchatmung und genieße noch eine Weile die Entspannung ... Meine Organe werden bei dieser Übung gut durchblutet ... Verspannungen werden abgebaut ... Mein Darmbereich findet Platz und kann sich ausbreiten ... Ich atme noch mal ein und aus ...

Nun beende ich die Übung und massiere mit meinen Händen meinen Bauchbereich im Uhrzeigersinn ... Ich strecke und recke meine Arme und Beine und erhebe mich anschließend vom Platz ... Zum Abschluss aktiviere ich mit leichtem Klopfen meinen Körper ...

Optionale Kurzreflexion

✓ Konntest du deinen Hand- und Bauchballon im Rhythmus deiner Atmung füllen und wieder leeren?

✓ Welchen Unterschied konntest du zwischen deiner Alltagsatmung und der entspannten Bauchatmung erkennen?

Atmen und konzentrieren

Materialien
- ✓ Stühle, Klangschale oder Gong

Zielsetzung und Einsatzmöglichkeiten
- ✓ aktive Ruheförderung in unruhigen und lauten Klassen
- ✓ Steigerung der Konzentrationsfähigkeit in Stressphasen
- ✓ Wegatmen von Ängsten, Schmerzen oder Anspannungen
- ✓ Wahrnehmungsschulung durch bewusste Atembeobachtung
- ✓ Beruhigung bei Prüfungsängsten und körperlichem Unwohlsein in Stresssituationen
- ✓ Stresslöser bei großer körperlicher und geistiger Anspannung

Vorbereitung
- ✓ Die Schüler sitzen in entspannter Position auf ihren Stühlen.
- ✓ Legen Sie den Gong bereit.

Hinführung

Ruhe auszuhalten, fällt uns Menschen im Alltag immer schwerer. Sowohl in der Schule als auch in der Freizeit sind wir immer wieder gezwungen, uns vor Ablenkungen zu schützen. Wie sieht es mit deiner Ruhefähigkeit aus?

Heute kannst du an einem Ruheexperiment teilnehmen und damit gleichzeitig deine Konzentrationsfähigkeit und deine Stresskompetenz trainieren.

Durchführung

Ich setze mich entspannt auf meinen Stuhl ... Meine Füße stehen schulterbreit mit gutem Kontakt auf dem Boden ... Meine Hände hängen seitlich neben dem Körper nach unten oder liegen locker auf meinen Oberschenkeln ... Mein Rücken spürt die Stuhllehne ... Meine Augenlider fallen für einen Moment locker nach unten ...

In diesem Moment der beginnenden Ruhe beobachte ich meine Atmung ... Ich atme so gleichmäßig wie möglich und teste gleichzeitig meine innere Uhr ... Sobald für mich 2 Minuten vorbei sind, öffne ich in Ruhe meine Augen ... Ich halte anschließend die Ruhe und atme entspannt weiter ... Mit dem Gongschlag läuft meine innere Uhr.

→ ***Gongschlag und 2 Min. Pause***

Nun schließe ich wieder meine Augen und freue mich über eine weitere Auszeit ... Ich atme dabei so gleichmäßig wie möglich und teste noch einmal meine innere Uhr ... Sobald für mich wieder 2 Minuten vorbei sind, öffne ich meine Augen und erhebe mich so leise wie möglich vom Platz ... Ich bleibe aber ruhig stehen und atme entspannt weiter, bis alle stehen ... Mit dem Gongschlag läuft meine innere Uhr.
→ ***Gongschlag und 2 Min. Pause***

Ich beende diese Übung mit einem ausgiebigen Strecken und Recken ... Ich gähne noch einmal nach Herzenslust und fühle mich danach wieder wach und fit ...

Optionale Kurzreflexion

✓ Wie hat sich die kleine Auszeit für dich angefühlt?

✓ Was kann diese Übung im Schulalltag bringen?

Atmen und lächeln

Materialien
✓ evtl. Entspannungsmusik und Abspielgerät, Stühle

Zielsetzung und Einsatzmöglichkeiten
✓ Stärkung des Selbstbewusstseins
✓ Lösen von Anspannungen und Stimmungstiefs
✓ Freisetzen von Glückshormonen
✓ Stärkung der Lernatmosphäre
✓ Auflockerung an langen Unterrichtstagen

Vorbereitung
✓ Die Schüler sitzen entspannt auf ihren Stühlen.
✓ Starten Sie die Entspannungsmusik, falls erwünscht.

Hinführung

Lachforscher fanden heraus, dass unser Körper auch dann Glückshormone produziert, wenn wir unsere Lippen lediglich zu einem leichten Lächeln formen. Atmen wir das Lächeln ganz tief ein, kann es unseren Körper beleben und wie ein wahres Wunderelixier wirken. Probiere doch mal aus, welche Wirkung du wahrnehmen kannst.

Durchführung

Ich setze mich entspannt auf meinen Stuhl ... Meine Füße stehen schulterbreit mit gutem Kontakt auf dem Boden ... Meine Hände hängen seitlich neben dem Körper nach unten oder liegen locker auf meinen Oberschenkeln ... Mein Rücken spürt die Stuhllehne ... Meine Augenlider fallen für einen Moment locker nach unten ...

In diesem Moment der beginnenden Ruhe forme ich meinen Mund leicht zu einem Lächeln ... Meine Lippen berühren sich dabei oder sind leicht geöffnet ... Ich spüre, wie mit meinem Lächeln ein gutes Gefühl durch meinen Körper fließt ... Ich atme das Lächeln jetzt tief durch meine Nase ein und lasse es im Kopf zirkulieren ... Ich spüre, wie sich mein Lächeln wohltuend in meinem Kopf verteilt ...

Ich suche mir wieder ein Lächeln aus ... Ich atme das Lächeln tief durch meine Nase ein und lasse es beim Ausatmen durch meine Arme fließen ... Ich spüre, wie sich mein Lächeln wohltuend in meinen Armen verteilt ...

Ich suche mir wieder ein Lächeln aus ... Ich atme das Lächeln tief durch meine Nase ein und lasse es beim Ausatmen durch meinen Rücken fließen ... Ich spüre, wie sich mein Lächeln wohltuend in meinem Rücken verteilt ...

Ich suche mir wieder ein Lächeln aus ... Ich atme das Lächeln tief durch meine Nase ein und lasse es beim Ausatmen durch meine Beine und Füße fließen ... Ich spüre, wie sich mein Lächeln wohltuend in meinen Beinen und Füßen verteilt ...

Ich genieße nun noch eine Weile die angenehme Wirkung, die das Lächeln in meinem Körper erzeugt hat ...
→ ***ca. 1 Min. Pause***

Ich öffne meine Augen und beende diese Übung mit einem ausgiebigen Strecken und Dehnen meiner Arme und Beine ... Ich erhebe mich langsam von meinem Platz ... Ich schüttle meinen Körper kurz im Stehen aus und fühle mich wieder wach und fit ...

Optionale Kurzreflexion

✓ Wie hat sich dein Lächeln im Körper angefühlt?

✓ War dir bewusst, wie leicht du deine Stimmung verändern kannst?

Tipp

Bringen Sie Ihre Schüler öfter mal durch lustige Gesprächsinhalte zum Lachen und sorgen Sie so für eine wohltuende und entspannende Stimmung.

Atmen und entspannen

Materialien
- ✓ evtl. Entspannungsmusik und Abspielgerät, Matten

Zielsetzung und Einsatzmöglichkeiten
- ✓ Lösen von Anspannungen nach langen Arbeitsphasen
- ✓ Stimmungsaufhellung
- ✓ Morgenstarter zum Unterrichtsbeginn
- ✓ Entspannung an anstrengenden und langen Schultagen

Vorbereitung
- ✓ Die Schüler verteilen sich in Rückenlage auf den Matten.
- ✓ Starten Sie die Entspannungsmusik, falls erwünscht.

Hinführung

Unsere Atmung verläuft autonom und von uns in der Regel unbemerkt. Meist nehmen wir unsere Atmung erst wahr, wenn sie uns Schwierigkeiten bereitet, wenn der Atem stockt oder die Atmung schneller und für uns bedrohlicher wahrgenommen wird. Dann sendet unser Körper uns das Signal, dass wir in unsere Atmung eingreifen sollten, die Atmungssteuerung selbst übernehmen müssen, um den Alarmzustand in Griff zu bekommen. Wir erleben diesen Zustand meist bei geistiger oder körperlicher Anstrengung. Wie wir mithilfe unserer Atmung unseren Körper aus einer Stresssituation in eine Entspannung bringen können, könnt ihr mit dem nächsten Atemexperiment erfahren.

Durchführung

Ich liege nun flach auf dem Rücken ... Meine Beine fallen leicht auseinander ... Meine Arme liegen schwer neben meinem Körper ... Mein Atem fließt angenehm weich durch meinen Körper ... Mein Körper beginnt, ruhiger und entspannter zu werden ... Störende Geräusche treten mit jedem Atemzug in den Hintergrund und werden unwichtig ...

In dieser aufkommenden Ruhe beobachte ich einen gleichmäßigen Atemrhythmus ... Ich spüre, wie sich meine Bauchdecke im Rhythmus meiner Atmung hebt und senkt ... Ich atme fünf Atemzüge ein und aus ...

Nun wähle ich einen Atemzug aus und lasse mein langes Ausatmen tief in meinen Arm- und Handbereich fließen ...

Ich spüre dabei, wie sich meine Arme und Hände schwerer und tiefer in die Unterlage schieben und sich wohltuend entspannen ...

Ich beobachte nun wieder meinen Atemrhythmus, das Heben und Senken meiner Bauchdecke ... Ich atme fünf Atemzüge ein und aus ...

Ich wähle wieder einen Atemzug aus und lasse mein langes Ausatmen tief in meinen Schulter- und Nackenbereich fließen ... Ich spüre dabei, wie sich meine Schultern und mein Nacken schwerer und tiefer in die Unterlage schieben und sich wohltuend entspannen ...

Ich beobachte nun wieder meinen Atemrhythmus, das Heben und Senken meiner Bauchdecke ... Ich atme fünf Atemzüge ein und aus ...

Ich suche mir wieder einen Atemzug aus und lasse mein langes Ausatmen tief in meinen Bein- und Fußbereich fließen ... Ich spüre dabei, wie sich meine Beine und Füße schwerer und tiefer in die Unterlage schieben und sich wohltuend entspannen ...

Ich beobachte nun wieder meinen Atemrhythmus, das Heben und Senken meiner Bauchdecke ... Ich atme entspannt weiter und genieße noch einen kurzen Moment meine tiefe Entspannung im ganzen Körper ...
→ ***ca. 30 Sek. Pause***

Ich beende diese Übung mit einem intensiven Strecken und Schütteln ... Ich öffne meine Augen und komme langsam, den Kreislauf schonend, in die Sitzposition zurück ...

Atmen und bewegen

Materialien	✓ evtl. Entspannungsmusik und Abspielgerät
Zielsetzung und Einsatzmöglichkeiten	✓ Lockerung der einzelnen Körpermuskeln ✓ Stressabbau durch bewegtes Atmen ✓ Auflockerung bei aufkommender Unruhe und mangelnder Konzentration ✓ „Warm-up" für den Unterrichtsbeginn
Vorbereitung	✓ Die Schüler verteilen sich stehend im Klassenzimmer. ✓ Starten Sie die Entspannungsmusik, falls erwünscht.

Hinführung

Konzentrationsprobleme und Ermüdung sind oftmals die Folgen einer bewegungsarmen und statischen Körperhaltung im Unterricht. Bereits kurze, in den Unterrichtsalltag integrierte Bewegungsübungen können Körper und Geist aktivieren und damit unsere Leistungsfähigkeit spürbar steigern. Bewegung wirkt sich stabilisierend auf unser Herz- und Kreislaufsystem aus, fördert die Durchblutung und Versorgung unseres Gehirns mit Sauerstoff und baut angestaute Anspannungen ab. Bewegung unterstützt somit auch unsere Stressresistenz.

Durchführung

Ich nehme meine Übungshaltung ein ... Stelle mich schulterbreit mit beiden Beinen fest verwurzelt auf meinen Platz ... Mein Becken ist leicht nach vorn gekippt, so als würde ich mich auf einen Stuhl setzen ... Meine Knie drücke ich dabei ganz leicht durch ... Meine Hände hängen seitlich neben dem Körper nach unten ... Mein Rücken ist gerade ... Meine Schultern sind gelockert ... In dieser Haltung fallen meine Augenlider locker nach unten ...

Nun atme ich ein und hebe dabei in Zeitlupe meine rechten Zehenspitzen vom Boden ab, die Ferse bleibt am Boden ... Ich atme aus und lege die rechte Fußspitze wieder langsam ab ...

Ich atme ein und hebe meine linken Zehenspitzen in Zeitlupe vom Boden ab ... Ich atme aus und lege die linke Fußspitze wieder langsam ab ...

Ich atme ein und bringe in Zeitlupe mein rechtes Knie in Hüfthöhe ... Ich atme aus und stelle meinen Fuß wieder langsam ab ...

Ich atme ein und bringe in Zeitlupe mein linkes Knie in Hüfthöhe ... Ich atme aus und stelle meinen Fuß wieder langsam ab ...

Ich atme ein und strecke in Zeitlupe mein rechtes Bein nach vorn, die Zehenspitzen schauen nach oben ... Ich atme aus und stelle mein rechtes Bein wieder ab ...

Ich atme ein und strecke in Zeitlupe mein linkes Bein nach vorn, die Zehenspitzen schauen nach oben ... Ich atme aus und stelle mein linkes Bein wieder ab ...

Ich atme ein und wölbe in Zeitlupe meinen Bauch nach außen ... Ich atme aus und bringe meinen Bauch in die Ausgangshaltung zurück...

Ich atme ein und ziehe in Zeitlupe meinen Bauchnabel langsam nach innen ... Ich atme aus und bringe meinen Bauch langsam in die Ausgangshaltung zurück ...

Ich atme ein und schiebe in Zeitlupe meine Schultern nach oben ... Ich atme aus und senke ganz langsam meine Schultern ...

Ich atme ein und strecke in Zeitlupe meinen rechten Arm zur Seite ... Ich atme aus und lasse meinen rechten Arm langsam fallen ...

Ich atme ein und strecke in Zeitlupe meinen linken Arm zur Seite ... Ich atme aus und lasse meinen linken Arm langsam fallen ...

Ich atme ein und bewege in Zeitlupe mein Gesicht nach rechts ... Ich atme aus und komme mit meinem Gesicht langsam zur Mitte zurück ...

Ich atme ein und bewege in Zeitlupe mein Gesicht nach links ... Ich atme aus und komme mit meinem Gesicht langsam zur Mitte zurück ...

Zum Abschluss wiederhole ich die Übung in schnellerem Tempo ... rechte Fußspitzen heben ... linke Fußspitzen heben ... rechtes Knie in Hüfthöhe ... linkes Knie in Hüfthöhe ... rechtes Bein nach vorn ausstrecken ... linkes Bein nach vorn ausstrecken ... Bauch nach vorn wölben ... Bauchnabel einziehen ... beide Schultern nach oben schieben ... rechten Arm zur Seite strecken ... linken Arm zur Seite strecken ... Gesicht nach rechts drehen ... Gesicht nach links drehen ... in die Hocke gehen und ausgestreckt nach oben springen ...

Optionale Kurzreflexion

- ✓ Wie fühlt sich dein Körper nach dieser Übung an?
- ✓ Welche Körperstellen spürst du nun wieder deutlicher?

2

KAPITEL

Mit mentalen Übungen den STRESS bewältigen

Um erfolgreich und zielführend arbeiten und lernen zu können, ist es entscheidend, ob ein Schüler mit aufbauenden oder belastenden Gedanken an ein Fach herangeht. Wer lernt, seine destruktiven Gedanken durch konstruktive zu ersetzen, wird auch schnell merken, wie hilfreich sich das veränderte Denken auf die Motivation und die Leistung auswirken kann.
Selbst wenn wir auf eine Situation keinen großen Einfluss haben, können wir lernen, mit einer veränderten positiven Sicht- und Denkweise darauf zu reagieren.
Die nachstehenden Übungen helfen, störende Gedankenmustern, zu erkennen und diese selbstkritischer zu hinterfragen. Bei regelmäßigem Einsatz können alltägliche Anforderungen leichter bewältigt und das eigene Sich-Wertschätzen der Schüler gestärkt werden.
Dank einer wiederkehrenden Durchführung meiner Übungen konnte ein Großteil der beteiligten Lehrer und Schüler innerhalb eines Schuljahres ein offeneres und wertschätzendes Miteinander in der Klasse und auch eine verbesserte Lernmotivation bestätigen. Schüler, die anfangs durch eine demotivierende Grundeinstellung an eine Aufgabe gingen, waren in der Lage, sich nach wenigen Wochen mental erfolgreicher zu definieren und ihre Mitarbeit und Lernbereitschaft deutlich zu steigern.

Die verwendeten mentalen Übungen sind:

Meine Schatztruhe

Materialien

- ✓ evtl. Entspannungsmusik und Abspielgerät, Stühle oder Matten

Zielsetzung und Einsatzmöglichkeiten

- ✓ Erkennen und Fördern des selbstbestimmten Denkens und dessen emotionale Auswirkung
- ✓ Stärkung der eigenen Ressourcen als Methode der Entspannung
- ✓ Stimmungsaufhellung zwischen den Stunden
- ✓ Ruhefindung im Unterricht
- ✓ thematische Hinführung für das Sozialtraining
- ✓ mentaler Stressabbau

Vorbereitung

- ✓ Die Schüler nehmen eine entspannte Sitz- oder Liegeposition in Rückenlage ein.
- ✓ Starten Sie die Entspannungsmusik, falls erwünscht.

Hinführung

Jeder Mensch verfügt über eine innere Schatzkiste, die reich gefüllt ist mit schönen Erlebnissen, bereichernden Erfahrungen und angenehmen Gefühlen. Ein Blick in diese Schatztruhe kann uns zwischendurch viel Kraft geben und unsere Gedanken in eine positive Richtung lenken. Probiere es aus und genieße deinen inneren Reichtum so, als würdest du ihn heute zum ersten Mal entdecken.

Durchführung

Ich liege nun flach auf dem Rücken oder sitze entspannt auf dem Stuhl ... Ich spüre meine Arme und Beine angenehm schwer nach unten sinken ... Mein Atem fließt ruhig durch meinen Körper ... Mein ganzer Körper beginnt, sich zu beruhigen ... Meine Augenlider fallen locker nach unten ... Störende Geräusche treten mit jedem Atemzug mehr und mehr in den Hintergrund ... Sie werden unwichtig ...

In dieser aufkommenden Ruhe mache ich gedanklich einen kleinen Sprung in meine Vergangenheit ... Ich öffne dazu meine innere Schatztruhe, die gefüllt ist mit vielen guten Erlebnissen, und suche darin nach einer kleinen Erinnerung, die mich in gute Laune versetzen kann ...

Vielleicht finde ich ein wohlwollendes Lächeln oder einen netten Blickkontakt, der mir vor einiger Zeit gutgetan hat ... Vielleicht finde ich lobende Worte, die an mich gerichtet waren ... Vielleicht finde ich ein gemütliches Zusammensein mit meiner Familie oder einen lustigen Spieleabend mit Freunden ... Vielleicht finde ich aber auch eine schöne Erinnerung, die noch nicht genannt wurde ...

Ich nehme mir nun ein paar Minuten Zeit, hole mir eine angenehme Erinnerung aus meiner Schatztruhe heraus und tauche mit all meinen Sinnen in diese schöne Erinnerung ein ...
→ ***ca. 2 Min. Pause***

In dieser Erinnerung verhaftet, beobachte ich noch mal meine guten Gefühle, die durch diese Erinnerung entstehen konnten ... Ich atme dieses angenehme Körpergefühl mit einem Lächeln ganz tief in meinen Körper ein ... Mir ist klar, dass dies mein ganz persönlicher Schatz ist, der mich, so oft ich ihn brauche, bei Laune halten kann ...

Nun beende ich diese Übung mit einem ausgiebigen Strecken und Dehnen und öffne meine Augen ... Ich wecke meinen Körper mit einem kurzen Ausschütteln auf und fühle mich wach und fit ...

Optionale Kurzreflexion

✓ Wie hat dein Erinnerungsschatz deine Laune beeinflusst?

✓ Wirst du die Truhe nun öfter öffnen?

Mein perfekter Tag

Materialien

- ✓ evtl. Entspannungsmusik und Abspielgerät, Stühle oder Matten

Zielsetzung und Einsatzmöglichkeiten

- ✓ Visualisieren als Methode der Gedankenlenkung und Weg zur Gedankenentspannung
- ✓ Stärkung der emotionalen und mentalen Selbstregulation
- ✓ Stimmungsaufhellung für zwischendurch
- ✓ Entspannung nach großen Anstrengungen
- ✓ Einstieg in das Sozialtraining

Vorbereitung

- ✓ Die Schüler nehmen eine entspannte Sitz- oder Liegeposition in Rückenlage ein.
- ✓ Starten Sie die Entspannungsmusik, falls erwünscht.

Hinführung

Hast du dir schon mal Gedanken gemacht, wie ein Tag verlaufen sollte, damit er sich für dich als ein „perfekter Tag" anfühlt? Erlaube dir, einen Tag zu gestalten, der dir alle Wünsche und Freiheiten offen lässt. Du darfst deine Gedanken sprudeln lassen, frei nach dem Motto „Heute ist alles erlaubt!".

Durchführung

Ich liege nun flach auf dem Rücken oder sitze entspannt auf dem Stuhl ... Ich spüre meine Arme und Beine angenehm schwer nach unten sinken ... Mein Atem fließt ruhig durch meinen Körper ... Mein ganzer Körper beginnt, sich zu beruhigen ... Meine Augenlider fallen locker nach unten ... Störende Geräusche treten mit jedem Atemzug mehr und mehr in den Hintergrund ... Sie werden unwichtig ...

In dieser aufkommenden Ruhe lenke ich meine Gedanken zu meinem perfekten Tag ...
Wie könnte er starten ...?
Wie verläuft mein „perfektes" Aufwachen ...?
Welches Wetter wünsche ich mir ...?
An welchem Ort will ich den Tag verbringen ...?
Welches Essen wünsche ich mir ...?
Welche Musik will ich hören ...?

Wen will ich treffen ...?
Ich erlaube mir, nun die nächsten Minuten gedanklich in meinen „perfekten" Tag einzutauchen ...
→ *ca. 2 Min. Pause*

Auch wenn es mir schwerfällt, verabschiede ich mich wieder von meinem Tag ... Ich weiß, dass ich jederzeit mit meinen Gedanken dahin zurückkommen kann ... Ich lenke meine Aufmerksamkeit langsam zu meinem Körper, öffne meine Augen und nehme mein Umfeld wieder wahr ... Ich stehe langsam auf ... belebe meine Muskeln mit einer kräftigen Gähn-Streck-Bewegung und schüttle mich auf meine Art wach und fit ...

Tipp Der Begriff „perfekt" sollte bei dieser Übung nicht leistungsorientiert, sondern erlebnisorientiert gesehen werden.

Optionale Kurzreflexion

- ✓ Was war das Schönste an deinem Tag?
- ✓ Wie unterscheidet sich dein „perfekter" Tag von deinem Alltag?

Ich bin wertvoll

Materialien
- ✓ evtl. Entspannungsmusik und Abspielgerät, Stühle oder Matten

Zielsetzung und Einsatzmöglichkeiten
- ✓ Erkennen der eigenen Stressgedanken
- ✓ Erlernen einer Methode zur Gedankenveränderung
- ✓ lernen, den Blick auf Dinge zu lenken, die bereits gut gelingen
- ✓ Stressabbau für zwischendurch
- ✓ mentale Kraftübung für Prüfungsperioden

Vorbereitung
- ✓ Die Schüler nehmen eine individuelle Sitz- oder Liegeposition ein.
- ✓ Starten Sie die Entspannungsmusik, falls erwünscht.

Hinführung

Jeder Mensch denkt viele Tausend Gedanken am Tag. Ob sich Gedanken positiv oder negativ anfühlen, hängt davon ab, welche Erfahrungen jeder Einzelne gemacht hat und wie er diese für sich bewertet. Um sich für eine Aufgabe neu zu motivieren, ist es wichtig, sich immer wieder mal der eigenen Stärken bewusst zu werden und sich daran zu erinnern, was man schon alles im Leben erreicht hat.
Langfristig kann mit dieser Übung die Widerstandskraft gesteigert und die Stimmung verbessert werden. Hast du Lust, das mal an dir zu testen?

Durchführung

Ich liege flach auf dem Rücken oder sitze entspannt auf dem Stuhl ... Ich spüre meine Arme und Beine angenehm schwer nach unten sinken ... Meine Augenlider fallen locker nach unten ...
In dieser aufkommenden Ruhe hole ich tief Luft und atme langsam aus ... Ich gönne mir nun eine kleine Auszeit vom Lernen ... Ich darf meine Gedanken für einen Moment einfach ruhen lassen und atme weiter tief ein und aus ... Mit jedem Atemzug wird die Ruhe für mich spürbarer und angenehmer ... Ich genieße die Entspannung eine Weile ...
→ ***ca. 30 Sek. Pause***

In dieser Entspannung entsteht in mir nach und nach ein gutes Gefühl ... Ein Gefühl, wertvoll zu sein ... Ein Gefühl, etwas Besonderes zu sein ... Ich entdecke Eigenschaften in mir, die den anderen gefallen ... Meine Hilfsbereitschaft ... Meine Freundlichkeit ... Mein Humor ... Meine überwiegend gute Laune ... Meine Herzlichkeit ...
→ ***ca. 30 Sek. Pause***

Ich erinnere mich an meine Fähigkeiten ... Vielleicht im Sport ... In einem bestimmten Schulfach ... Bei meinem Hobby ...
→ ***ca. 30 Sek. Pause***

Ich erinnere mich daran, was ich in meinem Leben schon alles geschafft habe ... Laufen lernen ... Sprechen lernen ... Spielen lernen ... Schreiben lernen ... Rechnen lernen ... Ein Instrument lernen ... Eine Sportart trainieren ... Konflikte lösen ...
→ ***ca. 30 Sek. Pause***

Ich spüre, wie mich all diese Fähigkeiten und Eigenschaften ausmachen ... Sie stärken mich ... Sie machen mich wertvoll ... Ich genieße dieses gute Gefühl noch eine Weile ...
→ ***ca. 30 Sek. Pause***

Langsam beende ich nun die Übung ... Ich überkreuze meine Arme in Schulterhöhe und klopfe mir anerkennend mit beiden Händen auf meine Schultern ...

Mit geöffneten Augen und gestreckten Armen komme ich wach und fit wieder in diesen Raum zurück ...

Kapitel 2

Entspannungszoomen

Materialien
- ✓ evtl. Entspannungsmusik und Abspielgerät, Stühle oder Matten

Zielsetzung und Einsatzmöglichkeiten
- ✓ Schulung der Vorstellungskraft
- ✓ Visualisieren von Räumen
- ✓ Abbau von Druck
- ✓ Stressbewältigung vor anstehenden Prüfungen

Vorbereitung
- ✓ Die Schüler nehmen eine individuelle Sitz- oder Liegeposition ein.
- ✓ Starten Sie die Entspannungsmusik, falls erwünscht.

Hinführung

Hast du schon mal aus der Vogelperspektive, z. B. aus dem Flugzeug, die Welt angeschaut? Manchmal tut es ganz gut, den Blickwinkel zu verändern und eine belastende Situation aus der Ferne zu betrachten. Alles, was sich am Boden dramatisch anfühlt, z. B. eine Schulaufgabe oder eine Zensur, verliert mit steigender Entfernung an Bedeutung und wirkt dadurch weniger bedrohlich.

Durchführung

Ich liege flach auf dem Rücken oder sitze entspannt auf dem Stuhl ... Ich spüre meine Arme und Beine angenehm schwer nach unten sinken ... Meine Augenlider fallen locker nach unten ...

In dieser aufkommenden Ruhe atme ich langsam ein und aus und stelle mir den aktuellen Standort meiner Schule vor ... Ich atme tief ein und zoome wie bei meinem Smartphone mit meinen Fingern den Standort kleiner ... Ich entdecke meine Schule von oben ... Das Dach ... Den Pausenhof ... Die Fenster meines Klassenzimmers ... Ich schaue in aller Ruhe von oben auf die Schule ...
→ ca. 30 Sek. Pause

Ich atme noch mal tief ein und zoome mich weiter weg ... Ich entdecke die unterschiedlichsten Formen und Farben der Dächer ... Saftig grüne Wiesen ... Mit Getreide bepflanzte

Felder ... Graue, sich schlängelnde Straßen ... Blaugrün leuchtende Flussläufe ...
→ ***ca. 30 Sek. Pause***

Ich atme noch mal tief ein und zoome mich noch weiter weg ... Ich betrachte die Meere aus der Flugzeugperspektive ... Die Nordsee ... Die Ostsee ... Den Stiefel Italiens ... Das Mittelmeer ...
→ ***ca. 30 Sek. Pause***

Ich atme noch mal tief ein und zoome mich weiter weg ins Weltall ... Ich erkenne die Grenzverläufe der Länder ... Die beleuchteten Städte ... Die Wolkengebilde über der Erde ... Europa ... Afrika ... Asien ... Amerika ... Australien ... Die Weltmeere ...
→ ***ca. 30 Sek. Pause***

Ich atme noch mal tief ein und zoome mich weiter weg und sehe mich auf der ISS ... Ich entdecke unsere Erde ... Europa ... Afrika ... Asien ... Amerika ... Australien ... Die Weltmeere ... Ich atme noch mal tief ein und merke, wie unwichtig alles wird, je weiter ich mich von meinem Standort entferne ...
→ ***ca. 30 Sek. Pause***

Nach einem kurzen Verweilen im Weltall zoome ich mich in meinem Tempo wieder langsam auf die Erde ... Zurück in unser Land ... In meine Stadt ... In meine Schule ... In mein Klassenzimmer ... Ich öffne in meinem Tempo die Augen und strecke und dehne mich ... Mit einem wohltuenden Gähnen komme ich wach und fit wieder in diesem Raum an ...

Optionale Kurzreflexion

✓ Wie findest du die Möglichkeit, das Leben immer wieder mal aus einer größeren Distanz zu betrachten?

✓ Wie fühlt sich ein vorhandenes Problem aus dieser Entfernung an?

Entspannungsstufen

Materialien	✓ evtl. Entspannungsmusik und Abspielgerät, Matten
Zielsetzung und Einsatzmöglichkeiten	✓ Verbesserung der Konzentrations- und Lernfähigkeit ✓ Ruheförderung ✓ Blitzentspannung zwischen den Stunden ✓ Steigerung der Aufnahmefähigkeit am späten Vormittag ✓ Ruheübung bei unruhigen Klassen ✓ wohltuendes Morgenritual zum Ankommen
Vorbereitung	✓ Die Schüler liegen in einer bequemen Liegeposition in Rückenlage. ✓ Starten Sie die Entspannungsmusik, falls erwünscht.

Hinführung

Heute bist du zu Gast in Paris und nimmst an dem jährlich stattfindenden Vertikallauf auf den Eiffelturm teil. Nur etwa 100 Läufer dürfen jedes Jahr daran teilnehmen. Um vom Boden bis zur dritten Etage zu gelangen, musst du 1665 Stufen bewältigen, die du als Schnellster nach knapp 8 Minuten schaffst. Ganz oben angekommen, bist du vollkommen aus der Puste. Als Belohnung wartet auf dich ein herrlicher Ausblick und eine sehr bequeme Liege zum Ausruhen. Dein Personal-Trainer, der oben auf dem Eiffelturm auf dich gewartet hat, kann dich innerhalb weniger Minuten in eine tiefe Entspannung bringen. Willst du es ausprobieren?

Durchführung

Ich liege nun flach auf dem Rücken ... Meine Beine fallen leicht auseinander ... Meine Arme liegen schwer neben meinem Körper ... Mein Atem fließt angenehm weich durch meinen Körper ... Mein Körper beginnt, ruhiger und entspannter zu werden ... Störende Geräusche treten mit jedem Atemzug in den Hintergrund ... Sie werden unwichtig ... Mein Körper wird ruhiger und ruhiger ...

In dieser aufkommenden Ruhe stelle ich mir vor, wie ich nach einem schnellen Treppenlauf oben auf dem Eiffelturm atemlos, aber glücklich ankomme ... Nach einem ausgiebigen Rundumblick mache ich es mir auf meiner Liege so bequem wie möglich ... Ich habe heute was ganz Besonderes geschafft und genieße meinen Erfolg, während ich ein- und ausatme ...

Für eine kurze Trainingseinheit halte ich weiter meine Augen geschlossen und fange an, mich da oben ganz wohlzufühlen ... Meine angespannten Muskeln dürfen sich nun entspannen ...

Ich nehme meinen Körper wahr ... Er wird schwerer und entspannter ... Ich fühle mich sehr wohl und atme ein und aus ... → ***ca. 15 Sek. Pause***

Mein Atem kommt und geht ... Mein Herz schlägt ganz von allein ... → ***ca. 15 Sek. Pause***

Meine Arme und Beine werden schwer und sinken tief in die Liege ... → ***ca. 15 Sek. Pause***

Meine Atmung wird ruhiger und gleichmäßiger ... Ich atme ein und aus ... → ***ca. 15 Sek. Pause***

Mein Kopf wird frei ... Ich spüre die Stille und atme ein und aus ... → ***ca. 15 Sek. Pause***

Ich merke eine tiefe Zufriedenheit in mir und atme ein und aus ... → ***ca. 15 Sek. Pause***

Ich fühle mich sehr wohl in meiner Haut und genieße noch ein wenig meinen Erfolg ... → ***ca. 45 Sek. Pause***

Ich verabschiede mich von meinem Trainer und bedanke mich für diese kleine Auszeit ... Ich strecke und dehne mich so, wie es für mich gerade angenehm und wohltuend ist ... Mit dem Öffnen meiner Augen fahre ich gedanklich mit dem Lift nach unten und komme wieder in unser Klassenzimmer zurück ...

Mein innerer Trainer

Materialien
- ✓ evtl. Entspannungsmusik und Abspielgerät, Stühle oder Matten

Zielsetzung und Einsatzmöglichkeiten
- ✓ Erkennen der Auswirkungen unserer Gedanken auf Gefühle und Verhaltensweisen
- ✓ Einüben positiven Denkens
- ✓ Motivation vor Schulaufgaben und neuen Projekten
- ✓ Selbststeuerung vor Schulaufgaben und Prüfungen
- ✓ Hinführung zu den Themen Selbstbewusstsein, gesundheitliche Selbstverantwortung, Motivation im Schulalltag, Sozialverhalten und soziales Miteinander

Vorbereitung
- ✓ Die Schüler nehmen eine bequeme Sitz- oder Liegeposition ein.
- ✓ Starten Sie die Entspannungsmusik, falls erwünscht.

Hinführung

Gibt es bei dir an der Schule jemanden, der sich von einem Personal-Trainer z. B. im Sport trainieren lässt? Der Wunsch, die eigene Leistungsfähigkeit individuell zu optimieren, ist immer noch ein Statussymbol reicher und berühmter Leute. Wobei könnte dir ein Trainer behilflich sein?

Durchführung

Ich liege flach auf dem Rücken oder sitze entspannt auf dem Stuhl ... Ich spüre meine Arme und Beine angenehm schwer nach unten sinken ... Meine Augenlider fallen locker nach unten ...

In dieser aufkommenden Ruhe lenke ich meine Gedanken nach innen und spüre, wie es mir gerade geht ...
→ ***ca. 15 Sek. Pause***

Ich atme in meinem Rhythmus ein und aus und werde mit jedem Atemzug ruhiger und gelassener ... → ***ca. 15 Sek. Pause***

Heute will ich meinen inneren Trainer kennenlernen und suche als Erstes einen Namen für ihn ... Ich tauche gedanklich tief in mein Innerstes und nehme Kontakt zu ihm auf, höre, was er mir zu sagen hat ... → ***ca. 30 Sek. Pause***

Mit welcher meiner Stärken kann ich meinen inneren Trainer beeindrucken? → ***ca. 30 Sek. Pause***

An welcher meiner Schwächen will mein Trainer mit mir arbeiten? → ***ca. 30 Sek. Pause***

In welchem Schulfach rät mein Trainer mir, mehr zu lernen? → ***ca. 30 Sek. Pause***

Was sagt mir mein Trainer über meine Motivation? → ***ca. 30 Sek. Pause***

Wie findet mein Trainer mein Zeitmanagement? → ***ca. 30 Sek. Pause***

Ist mein Trainer mit meinem Selbstbewusstsein zufrieden? → ***ca. 30 Sek. Pause***

Worüber ist mein Trainer erfreut? → ***ca. 30 Sek. Pause***

Ich bedanke mich nun bei meinem inneren Trainer und nehme mir vor, die Worte meines inneren Trainers, so gut ich kann, zu befolgen und umzusetzen ...

Ich beende die Übung mit einem kurzen Strecken und Dehnen meines Körpers ... Ich öffne meine Augen und komme mit einem tiefen Atemzug wach und fit in diesen Raum hier zurück ...

Optionale Kurzreflexion

- ✓ Welchen Namen hast du deinem Trainer gegeben?
- ✓ Konntest du deinen inneren Trainer verstehen?
- ✓ Was hat er dir empfohlen?

Schritte der Dankbarkeit

Zielsetzung und Einsatzmöglichkeiten

- ✓ positive Selbstreflexion und Gedankenlenkung
- ✓ Spüren der Gedanken als Kraftquelle
- ✓ Stärkung der mentalen Fähigkeiten
- ✓ Entspannung zwischen den Stunden
- ✓ Stressabbau vor und nach Leistungsabfragen
- ✓ Aufwärmübung beim Sozialtraining

Vorbereitung

- ✓ Die Schüler verteilen sich stehend im Raum.
- ✓ Geben Sie den Schülern die unten stehenden Beispiele vor und lassen Sie ihnen zum Schluss etwas Zeit, um eigene Gedanken der Dankbarkeit zu finden.

Hinführung

Wann hast du dich das letzte Mal bedankt? Weißt du noch wofür? Viele Dinge sind in unserem Leben zur Selbstverständlichkeit geworden, auch das wertschätzende Sich-Bedanken. Überlege dir für die folgende Übung, bei wem du dich wieder mal bedanken könntest oder wofür du generell dankbar sein darfst.

Bei diesem kleinen Experiment werden dir vom Lehrer Gedanken der Dankbarkeit vorgelesen. Wer dem Gedanken der Dankbarkeit zustimmt, darf sich einen Schritt nach vorn bewegen. Wer dem Gedanken nicht zustimmt, bleibt auf seinem Platz stehen.

Wie positiv und erfüllend sich dabei ein „kleines Danke" anfühlen kann, wird von uns ganz unterschiedlich wahrgenommen. Teste doch mal die Wirkung bei dir!

Durchführung

Ich stelle mich mit beiden Fußsohlen geerdet auf meinen Platz ... Für diesen Moment zaubere ich ein Lächeln auf meine Lippen und atme das Lächeln ganz tief ein ... Ich beobachte, wie sich das Lächeln in meinem Kopf anfühlt ... Ich spüre die Kraft meines Lächelns ...

Ich genieße die Ruhe um mich herum und überlege mir, wofür ich in meinem Leben dankbar sein kann, z. B. für meine Familie, weil sie mich unterstützt und beschützt ... Stimme ich dem Gedanken zu, dann gehe ich einen Schritt nach vorn ...

Für unsere kostenlosen Schulen, weil sie uns Ausbildungsmöglichkeiten anbieten, die unseren Wünschen und Neigungen entsprechen ... Stimme ich dem Gedanken zu, dann gehe ich einen Schritt nach vorn ...

Für sauberes Trinkwasser, weil wir dafür nur den Wasserhahn aufdrehen müssen ... Stimme ich dem Gedanken zu, dann gehe ich einen Schritt nach vorn ...

Für die frische Wäsche, die ich jeden Tag ganz selbstverständlich aus meinem Schrank nehmen kann ... Stimme ich dem Gedanken zu, dann gehe ich einen Schritt nach vorn ...

Ich überlege mir nun, wofür ich persönlich noch dankbar sein kann ... Ich melde mich und warte, bis ich aufgerufen werde, um meinen Gedanken laut mitzuteilen ...

Dankbar beende ich die Übung mit einem wohltuenden Strecken und Dehnen meines Körpers ... Ich nehme wieder Platz und spüre noch einen Augenblick die positive Energie dieser Übung ...

Optionale Kurzreflexion

✓ Wie haben sich die Schritte der Dankbarkeit angefühlt?

✓ Fühlst du dich nach dieser Übung gestärkter und warum?

Kopf kühlen

Materialien
- ✓ evtl. Entspannungsmusik und Abspielgerät, Stühle oder Matten

Zielsetzung und Einsatzmöglichkeiten
- ✓ Förderung der Ruhebereitschaft
- ✓ Kennenlernen einer wirksamen Methode der Selbstbeeinflussung
- ✓ Stressabbau vor Klassenarbeiten
- ✓ Bewältigung von sozialen Problemen

Vorbereitung
- ✓ Die Schüler nehmen eine bequeme Sitz- oder Liegeposition ein.
- ✓ Starten Sie die Entspannungsmusik, falls erwünscht.

Hinführung

Enttäuschungen über Zensuren, ungerechte Bewertungen oder verletzende Äußerungen von Mitschülern lösen oft starke Gefühle, wie Wut, Angst und Aggression, aus. Diese führen zu großen Muskelanspannungen im Körper. Wird der Druck für uns zu groß, aktiviert unser Körper ein Selbsthilfeprogramm und produziert die bekannten Stresshormone Adrenalin und Cortisol, die uns für eine Flucht oder für einen Kampf vorbereiten. Damit wir unsere Gefühle rechtzeitig in den Griff bekommen und Handlungen vermeiden, die uns später leidtun, ist es wichtig, einen kühlen Kopf zu bewahren und dass wir uns wieder beruhigen.

Versuche, bei diesem folgenden Experiment mal zwischendurch deinen Kopf zu kühlen, und spüre, wie sich gleichzeitig deine Muskelanspannungen im Körper verringern.

Durchführung

Ich liege flach auf dem Rücken oder sitze entspannt auf dem Stuhl ... Ich spüre meine Arme und Beine angenehm schwer nach unten sinken ... Meine Augenlider fallen locker nach unten ...

In dieser aufkommenden Ruhe lenke ich meine Gedanken nach innen und spüre, wie es mir gerade geht ... Ich atme ein paar Atemzüge tief ein und balle zeitgleich meine beiden

Fäuste ... Mit dem langsamen Ausatmen lasse ich die Fäuste wieder locker ...

Ich wiederhole die Übung noch 2-mal ... Ich atme ein und spanne an ... Ich atme aus und lasse los ... Ich atme ein und spanne an ... Ich atme aus und lasse los ... Ich spüre, wie sich meine Arm- und Handmuskeln wohltuend entspannen, und fange an, mit meinen Gedanken langsam zum letzten Sommer zu wandern ...

In dieser Ruhe entdecke ich tief in mir Erinnerungen an meinen letzten Badetag ... Ich sehe mich meinen Kopf im kühlen Wasser erfrischen ... Ich tauche gut gelaunt mit meinem Kopf so tief unter, wie es für mich angenehm ist ... Ich spüre, wie sich mein Kopf ähnlich einem brodelnden Kessel, laut zischend, abkühlt, und wiederhole meine Tauchgänge, so oft ich will ... → ***ca. 30 Sek. Pause***

Nun gönne ich mir eine kleine Ruhepause auf meiner Matte ... Ich lege mich darauf und spüre, wie ich tiefer und tiefer entspanne ... → ***ca. 3 Min. Pause***

Nach dieser kühlenden Entspannung komme ich wach und fit in unseren Raum zurück und öffne langsam meine Augen ... Ich strecke und dehne meinen Körper, wie es gerade für mich angenehm ist, und atme zum Abschluss tief durch ...

Tipp Bitte führen Sie die Anleitung bewusst und langsam durch, um ein Hyperventilieren, das durch zu schnelles, unkontrolliertes Einatmen und eine fehlende intensive Ausatmung ausgelöst wird, zu vermeiden.

Optionale Kurzreflexion

✓ Wie fühlt sich dein Körper nun an?

Freundliche Gedankenmeditation

Materialien
- ✓ evtl. Entspannungsmusik und Abspielgerät, Stühle oder Matten

Zielsetzung und Einsatzmöglichkeiten
- ✓ Kennenlernen positiver Gedankenstrukturen
- ✓ Wiederherstellung der Konzentration nach anstrengenden Unterrichtsphasen
- ✓ Stimmungsaufhellung für zwischendurch
- ✓ Ruheförderung bei besonders unruhigen Klassen, speziell auch vor Klassenarbeiten

Vorbereitung
- ✓ Die Schüler nehmen eine entspannte Liege- oder Sitzposition ein.
- ✓ Starten Sie die Entspannungsmusik, falls erwünscht.

Hinführung

Manchmal kann eine kleine Ablenkung wie ein Jungbrunnen wirken, der unsere Energie- und Konzentrationsakkus in wenigen Minuten aufladen kann. Mit dieser Übung lernst du eine effektive Technik zur Stressbewältigung kennen, die dir zeigt, wie man in anstrengenden Lernphasen schnell wieder zu Ruhe kommen kann.

Durchführung

Ich liege flach auf dem Rücken oder sitze entspannt auf dem Stuhl ... Meine Arme und Beine sinken angenehm schwer nach unten ... Meine Augenlider fallen locker nach unten ...

In dieser aufkommenden Ruhe lenke ich meine Gedanken nach innen und erlaube mir, dass alle meine Pflicht- und Problemgedanken für ein paar Minuten Urlaub machen dürfen ... Ich lasse sie einfach mal gedanklich verschwinden ... Falls Grübeleien und Problemgedanken mich stören wollen, erkläre ich ihnen, dass ich im Moment ungestört sein will ...

Während dieser Ruhe taucht in meinen Gedanken eine schöne Begebenheit auf und füllt meinen Körper mit einem großen Glücksgefühl ... Vielleicht denke ich an eine geplante Feier ...

An eine angekündigte Überraschung ... An ein Treffen mit Freunden ... An den baldigen Urlaub mit meiner Familie ... Oder an einen anderen freundlichen Gedanken, der mich positiv stimmt ...

Ich erlaube mir, mich nun eine kurze Zeit frei und unbelastet zu fühlen und mich mit freundlichen schönen Gedanken zu beschäftigen ... Alles andere hat nun Pause ...
→ ***ca. 3 Min. Pause***

Ich verabschiede mich nun von meinen schönen Gedanken ... Ich kann sie ja zurückholen, so oft ich will ... Ich aktiviere meinen Körper durch Strecken, Dehnen und Gähnen und öffne dabei meine Augen ... Wach und fit komme ich wieder in diesen Raum zurück ...

Tipp Nehmen Sie sich für diese Übung mehr Zeit und lassen Sie die Schüler von positiven Gedanken berichten.

Optionale Kurzreflexion

- ✓ Welche Begebenheiten rufen bei dir ein Glückgefühl hervor?
- ✓ Hat dich diese kleine gedankliche Ablenkung entspannt?

3
KAPITEL

Mit Aktivierungsübungen den STRESS bewältigen

Beobachtet man das Bewegungsprofil mancher Schüler, stößt man auf ein immer größer werdendes Bewegungsdefizit. Zeitmangel und veränderte Freizeitinteressen werden von Schülern gerne als Grund für das Fehlen ausgleichender Bewegung angegeben.
Wer sich aber beim Lernen immer wieder mal bewegt, kann das Erlernte besser verarbeiten und bei Bedarf zielorientierter abrufen und wiedergeben. Ganz nebenbei können in den Muskelgruppen vorhandene Anspannungen abgebaut werden und so zu einer Verringerung von bekannten körperlichen und seelischen Symptomen, wie z. B. Konzentrationsproblemen, Kopfschmerzen, Migräne, Rücken- und Nackenschmerzen oder innerer Unruhe, beitragen.
Mit den nachfolgenden muskelaktivierenden und konzentrationsfördernden Lockerungsübungen können Sie als Lehrer einer schleichenden Ermüdung Ihrer Schüler im Unterricht entgegenwirken und deren Aufnahmebereitschaft auf unterhaltsame Weise fördern.
Regelmäßig, z. B. beim Stundenwechsel, durchgeführt, gewöhnen sich die Schüler schnell an die neuen Bewegungspausen und verfolgen den Unterricht meist motivierter und aufmerksamer.

Wichtig: Ein sanftes Ausklopfen und Flüssigkeitsaufnahme im Anschluss an die Übungen in diesem Kapitel lockern das Zwischenzellgewebe und regen den Schlackenabtransport durch den Lymphstrom an.

Die verwendeten Aktivierungsübungen sind:

„Hannes" – Bewegungsrap

Zielsetzung und Einsatzmöglichkeiten

- ✓ Auflockerung der Muskulatur
- ✓ Förderung der Aufmerksamkeit, Konzentration und Ruhe durch vorausgehende aktive Bewegung
- ✓ Abbau von Aggressionen im Sozialtraining
- ✓ wohltuende Unterbrechung nach langen Sitzphasen

Vorbereitung

- ✓ Die Schüler verteilen sich stehend mit viel Bewegungsfreiheit im Raum.
- ✓ Dieser Rap wird im $^4/_4$-Takt gesprochen. Sprechen Sie vorher den Text mit Ihren Schülern durch und zeigen Sie, welche Körperbewegungen dazugehören.

Hinführung

Bei diesem Rap sprichst du den Text mit und bewegst rhythmisch die angesagten Körperteile mit vollem Einsatz. Bei jeder Strophe kommt ein Körperteil dazu. Der Refrain bleibt immer gleich, nur die letzte Textzeile gibt dir das neue zusätzliche Bewegungsmuster an.

Durchführung

Bei der ersten Strophe wippst du ganz leicht von einem Fuß auf den anderen.

Mit der letzten Textzeile **„Dann dreh diesen Knopf mit deiner rechten Hand!"** streckst du den rechten Arm weit nach vorn und drehst rhythmisch mit der rechten Hand den imaginären Knopf.

Die zweite Strophe endet mit **„Dann dreh diesen Knopf mit deiner linken Hand!"** Nun sind beide Arme nach vorn gestreckt, während beide Hände rhythmisch die Knöpfe drehen. Der Körper wippt weiter.

Die dritte Strophe endet mit **„Dann dreh diesen Knopf mit deinem rechten Fuß!"** Du bewegst deinen rechten Fußballen rhythmisch am Boden nach links und rechts. Die Arme bewegen sich ununterbrochen weiter.

Die vierte Strophe endet mit **„Dann dreh diesen Knopf mit deinem linken Fuß!"** Du bewegst beide Fußballen rhythmisch nach links und rechts. Die Arme bewegen sich immer noch.

Die fünfte Strophe endet mit **„Dann dreh diesen Knopf mit deinem Po!"** Strecke deinen Po weit nach hinten und bewege ihn rhythmisch nach links und rechts. Arme und Beine bewegen sich dazu.

Die sechste Strophe endet mit **„Dann dreh diesen Knopf mit deinem Kopf!"** Bewege jetzt rhythmisch deine Arme, Beine, Po und Kopf.

Bei der letzten Strophe endet die Übung nach dem Satz **„Hannes, hast du Zeit?"** mit einem lauten **„Nein!"** Klopfe deinen Körper im Anschluss kräftig aus.

Hannes

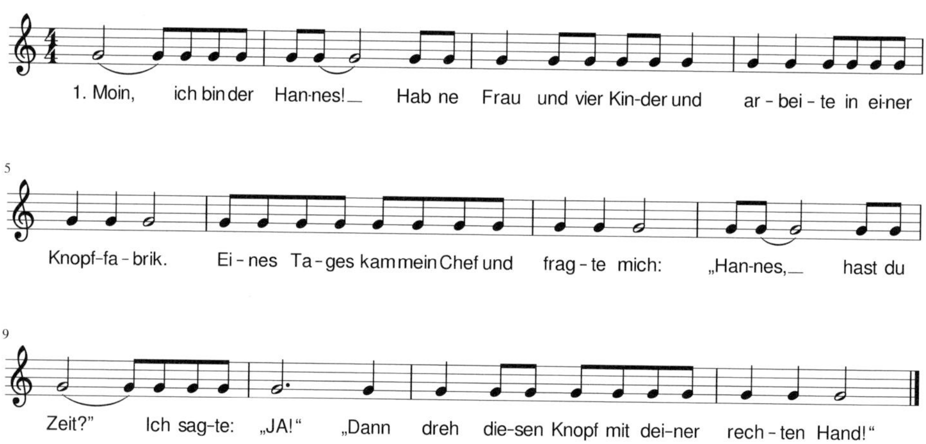

2.) „... Dann dreh diesen Knopf mit deiner linken Hand!"
3.) „... Dann dreh diesen Knopf mit deinem rechten Fuß!"
4.) „... Dann dreh diesen Knopf mit deinem linken Fuß!"
5.) „... Dann dreh diesen Knopf mit deinem Po!"
6.) „... Dann dreh diesen Knopf mit deinem Kopf!"

Sudoku

Zielsetzung und Einsatzmöglichkeiten

- ✓ Förderung der Konzentration
- ✓ Auflockerung der Muskelgruppen
- ✓ Schulung der Körperwahrnehmung
- ✓ Aktivierung beider Gehirnhälften
- ✓ Unterrichtsstarter am Morgen
- ✓ bei auftretender Ermüdung und Unruhe

Vorbereitung

- ✓ Die Schüler nehmen eine stehende oder sitzende Position ein.
- ✓ Malen Sie die Umrisse eines Körpers an die Tafel und unterteilen Sie diesen in neun Bereiche: 1 = Füße, 2 = Schienbeine, 3 = Knie, 4 = Becken, 5 = Bauch, 6 = Rücken, 7 = Schultern, 8 = Arme, 9 = Kopf.
- ✓ Geben Sie bei der folgenden Übung nur acht der neun Bereiche langsam und durcheinander vor.

Hinführung

Bestimmt hast du schon mal ein Zahlen-Sudoku gelöst. Heute hast du die Möglichkeit, deine Gehirn- und Körpermuskeln in aller Ruhe bei einer neuen Art von Sudoku, dem Körper-Sudoku, zu trainieren.
Bei der folgenden Übung werden dir, je nach Schwierigkeitsgrad, acht Körperbereiche langsam und durcheinander vorgegeben. Jeder genannte Bereich wird von dir mit überkreuzten Händen berührt. Deine Aufgabe ist es, blitzschnell den nicht genannten Körperteil zu erkennen und diesen zu berühren.

Durchführung

Stelle dich mit ausreichend Sicherheitsabstand auf deinen Platz oder setze dich aufrecht mit etwas Sicherheitsabstand zum Tischnachbarn auf deinen Stuhl. Lausche mit geschlossenen Augen den folgenden Ansagen und berühre die genannten Körperteile: Bauch ... Arme ... Füße ... Schultern ... Kopf ... Schienbeine ... Becken ... Rücken ... Welcher Körperteil wurde nicht genannt ...?

→ ***Knie fehlen und werden berührt***

Schüttle deinen Körper kurz aus und atme tief durch ... Fertig für die nächste Ansage? Arme ... Kopf ... Füße ... Rücken ... Knie ... Bauch ... Schultern ... Becken ... Welcher Körperteil wurde nicht genannt ...?
→ ***Schienbeine fehlen und werden berührt***

Schüttle deinen Körper kurz aus und atme tief durch ... Fertig für die nächste Ansage? Kopf ... Rücken ... Knie ... Bauch ... Schultern ... Arme ... Füße ... Schienbeine ... Welcher Körperteil wurde nicht genannt ...?
→ ***Becken fehlt und wird berührt***

Schüttle deinen Körper kurz aus und atme tief durch ... Fertig für die nächste Ansage? Schultern ... Knie ... Becken ... Schienbeine ... Kopf ... Bauch ... Füße ... Arme ... Welcher Körperteil wurde nicht genannt ...?
→ ***Rücken fehlt und wird berührt***

Schüttle deinen Körper kurz aus und atme tief durch ... Fertig für die nächste Ansage? Arme ... Füße ... Kopf ... Schienbeine ... Rücken ... Knie ... Bauch ... Kopf ... Welcher Körperteil wurde nicht genannt ...?
→ ***Schultern fehlen und werden berührt***

Beende die Übung mit einem kurzen Ausschütteln und Ausstreifen der Gliedmaßen und werde wach und fit ... Nimm wieder Platz ... Atme tief durch ... Spüre noch mal für eine kurze Zeit alle Körperregionen, die du gerade berührt hast ...

Optionale Kurzreflexion

✓ Konntest du den/die fehlenden Bereich/e sofort finden?

✓ Wie hat sich die anschließende Entspannung angefühlt?

Windrad

Materialien	✓ Entspannungsmusik und Abspielgerät
Zielsetzung und Einsatzmöglichkeiten	✓ Förderung der Durchblutung ✓ achtsame Wahrnehmung von Zeit und Bewegung ✓ Mobilisierung der Arm-, Schulter- und Nackenmuskulatur ✓ Förderung von Konzentration und Ruhe ✓ Steigerung der Aufmerksamkeit
Vorbereitung	✓ Die Schüler verteilen sich stehend mit ausreichend Abstand zueinander. ✓ Starten Sie die Entspannungsmusik während der Übung.

Hinführung

Heute besichtigst du mit deiner ganzen Klasse eines der modernsten und leistungsstärksten Windräder. Nach einer entspannten Busfahrt stehst du nun vor einem 140 m hohen Windrad, das entspricht der Höhe des Stuttgarter Fernsehturmes. Der Betreiber dieser Windanlage lässt euch die Länge eines Rotorblattes schätzen. Du tippst auf 63 m und liegst damit genau richtig. Ein sich langsam bewegendes Windrad erreicht bei fünf Umdrehungen in der Minute am äußeren Ende der Blätter eine Geschwindigkeit von ca. 130 km/h und legt eine Strecke von etwa 396 m zurück, erklärt euch der Betreiber. Er lädt euch dazu ein, eure zwei „Rotorblätter" exakt 10-mal innerhalb 2 Minuten mit geschlossenen Augen rotieren zu lassen. Deine ausgestreckten Arme sind deine Rotorblätter. Deine Schultern sind die Generatoren, die deine Arme rotieren lassen, ohne dabei deine Hände und Ellenbogen zu bewegen. Teste nun mit dieser langsam rotierenden Armbewegung dein Zeitgefühl. Wer schafft exakt die zehn Umdrehungen in 2 Minuten?

Durchführung

Stelle dich mit ausreichend Sicherheitsabstand zum Nachbarn gut geerdet auf deinen Platz ... Deine Augen sind geschlossen ... Deine Rotoren (Arme) sind nach unten und oben ausgestreckt ... Wenn die Musik beginnt, rotieren beide Arme genau entgegengesetzt 10-mal nach vorn um die Schulterachsen

herum ... Versuche, deine zehn Umdrehungen in 2 Minuten durchzuführen ... Wenn die Musik endet, sind die 2 Minuten vorbei und die Rotorblätter hängen entspannt nach unten ... Die Augen können dann wieder geöffnet werden...
→ ***Musik genau 2 Min. laufen lassen***

Schüttle deinen Körper kurz aus und führe die Übung anschließend noch mal mit geschlossenen Augen in die entgegengesetzte Richtung durch ... Versuche auch hier, deine zehn Umdrehungen in 2 Minuten durchzuführen ... Nach 2 Minuten hängen die Rotorblätter wieder entspannt nach unten ... Die Augen können dann wieder geöffnet werden...
→ ***Musik genau 2 Min. laufen lassen***

Beende nun die Übung mit einem kräftigen Ausschütteln und Ausklopfen deiner Rotorblätter ...

Optionale Kurzreflexion

✓ Wie nah bist du an die 2 Minuten herangekommen?

✓ Konntest du dich gedanklich auf die Bewegungen konzentrieren?

✓ Wie fühlt sich nun dein Schulter- und Nackenbereich an?

S-T-R ... S-T-R-E-S-S

Zielsetzung und Einsatzmöglichkeiten

- ✓ körperliches Abreagieren nach langen Sitzperioden
- ✓ Ruheförderung und Stressbewältigung durch Bewegung
- ✓ Stärkung des Gemeinschaftsgefühls
- ✓ Auflockerung vor und nach Leistungsabfragen und für zwischendurch

Vorbereitung

- ✓ Die Schüler verteilen sich mit ausreichend Sicherheitsabstand zum Mitschüler im Raum oder im Freien und führen die Übungen anschließend zusammenhängend und kraftvoll aus.
- ✓ Demonstrieren Sie die Übung und animieren Sie die Schüler zum rhythmischen Mitsprechen, damit die Übungen leichter verinnerlicht werden können.

Hinführung

Koordinierte Bewegungsübungen können stimmungsfördernd wirken und das Wir-Gefühl einer Gruppe wohltuend stärken. Bestimmt hast du selbst schon mal den positiven Effekt einer gemeinschaftlich durchgeführten Aktion, z. B. eines gemeinsamen Wandertages, beim Singen im Chor oder beim Mannschaftsrudern, erleben können?
Teste die nächste Übung und spüre ausschließlich die energetische Wirkung dieser rhythmischen Bewegungseinheit.

Durchführung

Stelle dich mit ausreichend Sicherheitsabstand zum Nebenmann auf deinen Platz ... Fange an, im Gleichschritt auf dem Platz zu marschieren, während du die Buchstaben S-T-R ... S-T-R-E-S-S im Rhythmus sprichst ... Der folgende Text gibt dir das Bewegungsmuster vor ...

S-T-R ... S-T-R-E-S-S ... Stampf ihn ein mit rechts ...
Stampf ihn ein mit links ...

S-T-R ... S-T-R-E-S-S ... Boxe ihn nach rechts ...
Boxe ihn nach links ...

S-T-R ... S-T-R-E-S-S ... Puste ihn nach rechts ... [pust]
Puste ihn nach links ... [pust]

S-T-R ... S-T-R-E-S-S ... Drück ihn klein mit rechts ...
Drück ihn klein mit links ...

S-T-R ... S-T-R-E-S-S ... Schubse ihn nach rechts ...
Schubse ihn nach links ...

S-T-R .... S-T-R-E-S-S ... Der Stress ist weg ...
Der Stress ist weg ... [Siegerpose]

Schüttle deinen Körper noch mal kurz und kraftvoll aus ... Strecke dich auf deine Weise ... Sorge durch angenehmes Klopfen und Massieren deiner Arme und Beine für eine gute Durchblutung und komme wieder in deine Sitzposition zurück ...

Tipp Erfinden Sie mit Ihren Schülern zusammen weitere Übungen, das erhöht den Spaßfaktor und motiviert, mitzumachen!

Optionale Kurzreflexion

✓ Wie fühlt sich dein Körper nach dieser Bewegungsübung an?

Körperalphabet

Zielsetzung und Einsatzmöglichkeiten

✓ Steigerung der Konzentrationsfähigkeit
✓ Lockerung der Arm-, Schulter- und Nackenmuskulatur
✓ Alphabet-Training mit Bewegung für den Fremdsprachenunterricht
✓ Aktivierung zwischen den Stunden

Vorbereitung

✓ Die Schüler verteilen sich stehend mit ausreichend Bewegungsfreiheit im Raum.
✓ Während die Schüler das Alphabet in der jeweiligen Fremdsprache aufsagen, bewegen sie beide Arme bzw. Füße im vorgegebenen Rhythmus: „hoch – tief – rechts – links“ und beenden die Übung mit dem Ausschütteln beim „Z“.

Hinführung

Nach langen Ruhephasen fällt uns manchmal das Denken richtig schwer. Mit der folgenden Bewegungsübung kannst du wieder etwas Schwung in deinen Körper bringen und die Durchblutung fördern. Klappt das Buchstabieren auch rückwärts oder in einer anderen Sprache, z. B. in Englisch oder Französisch?

Durchführung

Beide Arme hoch	Beide Arme tief	Step rechter Fuß	Step linker Fuß
A Arme hoch	B Arme tief	C Step rechts	D Step links
E Arme hoch	F Arme tief	G Step rechts	H Step links
I Arme hoch	J Arme tief	K Step rechts	L Step links
M Arme hoch	N Arme tief	O Step rechts	P Step links
Q Arme hoch	R Arme tief	S Step rechts	T Step links
U Arme hoch	V Arme tief	W Step rechts	X Step links
Y Arme hoch	→	Z Körper ausschütteln	

Variante A: Arme hoch – Arme tief – Step rechts – Step links – anschließend mit rechtem Fuß um die Achse drehen, weiter buchstabieren

B: Arme hoch – Arme tief – Step rechts – Step links – anschließend mit linkem Fuß um die Achse drehen, weiter buchstabieren etc.

Tipp

Das Einbeziehen der Augen in das vorgegebene Bewegungsmuster (hoch, tief, rechts, links) sorgt für eine wohltuende Versorgung mit Sauerstoff und aktiviert die Augenmuskulatur bei aufkommender Ermüdung.

Feel your body

Zielsetzung und Einsatzmöglichkeiten

✓ Körper- und Muskelaktivierung
✓ Förderung von Konzentration und Ruhe
✓ Auflockerung vor Leistungsabfragen oder für zwischendurch

Vorbereitung

✓ Die Schüler verteilen sich stehend mit ausreichend Abstand zum Nachbarn im Raum und bewegen den Körper je nach Wunsch und körperlichem Selbstbewusstsein im Rhythmus.
✓ Der Refrain ist bei allen Strophen gleich, nur die zu bewegenden Körperteile variieren.

Durchführung

If I'm feeling tired, my body is crying „**No**"
I move my body and shake my body
Feel good and say „**Hello**"

If I'm feeling tired, my ears are crying „**No**"
I move my ears and shake my ears (with my fingers)
Feel good and say „**Hello**"

If I'm feeling tired, my shoulders are crying „**No**"
I move my shoulders and shake my shoulders
Feel good and say „**Hello**"

If I'm feeling tired, my arms are crying „**No**"
I move my arms and shake my arms
Feel good and say „**Hello**"

If I'm feeling tired, my fingers are crying „**No**"
I move my fingers and shake my fingers
Feel good and say „**Hello**"

If I'm feeling tired, my knees are crying „**No**"
I move my knees and shake my knees
Feel good and say „**Hello**"

If I'm feeling tired, my legs are crying „**No**"
I move my legs and shake my legs
Feel good and say „**Hello**"

If I'm feeling tired, my feet are crying „**No**"
I move my feet and shake my feet
Feel good and say „**Hello**"

If I'm feeling tired, my head is crying „**No**"
I move my head and shake my head
Feel good and say „**Hello**"

And now I feel the power, my body is strong again
I stretch my arms far to the side
Can strain my brain again

Schüttle und klopfe abschließend deinen gesamten Körper noch mal aus ... Setze dich auf deinen Platz und spüre die Bewegung einen kurzen Moment mit geschlossenen Augen nach ...

Tipp

Führen Sie die Übung bereits zu Beginn des Schuljahres als Starterübung für Ihre Unterrichtsstunde ein. So können die Schüler den Text und die Bewegungsabläufe schnell verinnerlichen und die Übung jederzeit abrufbar einsetzen.

Optionale Kurzreflexion

✓ Wie fühlt sich dein Körper nach dieser Übung an?

✓ Kannst du die einzelnen Muskelgruppen noch spüren?

Intervalltraining

Materialien
- ✓ rhythmische Musik und Abspielgerät, Stühle oder Matten

Zielsetzung und Einsatzmöglichkeiten
- ✓ Aktivierung nach langen Sitzperioden
- ✓ Kurzentspannung nach intensiver Bewegung
- ✓ als Lockerungsübung für zwischendurch
- ✓ als Sport-Einführungsübung zum Thema Intervalltraining
- ✓ vor und nach langen Ruhe- und Konzentrationsphasen

Vorbereitung
- ✓ Die Schüler verteilen sich großzügig mit viel Platz zum Nebenmann im Raum.
- ✓ Starten Sie die Musik. Rhythmische Musik ist für diese Übung hilfreich und unterstützt die Bewegungsfreude mancher Bewegungsmuffel.

Hinführung

Beim Intervalltraining kannst du heute deine Kondition und deine Ausdauer testen. Führe das Training 1 Minute lang auf der Stelle im Rhythmus der Musik durch und wechsele während dieser Zeit zwischen langsamem, mittlerem und schnellem Tempo. Diese Abstufung kannst du je nach Kondition selbst bestimmen. Nach 1 Minute entspannst du dich im erholsamen Geh-Modus.
Wiederhole diese Intervallübung mehrere Male und achte auf meine Anweisungen.

Durchführung

Begib dich nun in eine lockere Stehposition ... Achte auf ausreichend Platz zum Nebenmann ... Fange jetzt locker an, 10 Sekunden langsam zu hüpfen ... Höre dabei auf den Rhythmus der Musik ... Hüpfe nun 10 Sekunden in mittlerem Tempo ... Hüpfe 10 Sekunden so schnell du kannst ... Gehe anschließend 20 Sekunden entspannt auf dem Platz ...

Kreise nun 10 Sekunden langsam deine Hüften ... Höre dabei auf den Rhythmus der Musik ... Kreise nun 10 Sekunden deine Hüften in mittlerem Tempo ... Kreise nun deine Hüften 10 Sekunden in einem schnellen Tempo ... Gehe anschließend 20 Sekunden entspannt auf dem Platz ...

Kreise nun 10 Sekunden langsam deine Arme ... Höre dabei auf den Rhythmus der Musik ... Kreise nun 10 Sekunden deine Arme in mittlerem Tempo ... Kreise nun deine Arme 10 Sekunden in einem schnellen Tempo ... Gehe anschließend 20 Sekunden entspannt auf dem Platz ...

Nimm zum Abschluss eine für dich angenehme Sitz- oder Liegeposition ein ... Spüre deinen ganzen Körper und lasse ihn tief in die Entspannung kommen ... Nimm deinen Herzschlag, Pulsschlag und deine Atmung bewusst wahr ...
→ ***ca. 3 Min. Pause***

Beende diese Übung mit einem ausgiebigen Strecken, Dehnen und Gähnen ...

Optionale Kurzreflexion

✓ Welche Körperteile kannst du nach diesem kurzen Intervalltraining deutlich spüren?

Körperlockerung

Materialien
- ✓ evtl. Entspannungsmusik und Abspielgerät, Stühle

Zielsetzung und Einsatzmöglichkeiten
- ✓ körperliche und mentale Auflockerung
- ✓ Förderung und Schulung der Aufnahme- und Reaktionsbereitschaft
- ✓ Mobilisierung der Arm-, Bein und Rumpfmuskulatur nach längeren Schreib- und Sitzperioden
- ✓ Verankerung des Alphabetes im Deutschunterricht für Schüler mit Migrationshintergrund
- ✓ Auflockerung im Fremdsprachunterricht
- ✓ Ruheförderung bei aufkommender Unruhe und zunehmenden Konzentrationsproblemen

Vorbereitung
- ✓ Die Schüler wählen die Sitzposition so aus, dass ein schnelles Aufstehen und Armeanheben ohne Kontakt zum Tischnachbarn möglich ist.
- ✓ Wählen Sie eine gewünschte Variante aus und erklären Sie den Schülern diese Übung.
- ✓ Starten Sie die Entspannungsmusik, falls erwünscht.

Hinführung

Kannst du auf Anhieb sagen, aus wie vielen Buchstaben dein vollständiger Name besteht? Verschaffe dir kurz einen Überblick. Die Anzahl der Buchstaben in deinem Namen bestimmt bei dieser Übung dein persönliches Bewegungsprofil.
Teste doch mal, wie du mit dieser lustigen Herausforderung zurechtkommst.

Durchführung

Setze dich mit ausreichend Bewegungsfreiheit auf deinen Stuhl ... Hörst du beim Aufsagen des Alphabets einen Buchstaben deines Vornamens, erhebst du dich vom Platz und setzt dich anschließend schnell wieder hin ... Hörst du einen Buchstaben, der in deinem Nachnamen steckt, werden beide Hände nach oben gestreckt und wieder fallen gelassen ...
Ist ein Buchstabe in deinem Vor- und Nachnamen enthalten, stehst du auf und streckst beide Hände nach oben ...

Nach Beendigung des Alphabets kannst du deinen Kopf und Oberkörper entspannt auf deinen Tisch ablegen und für ein paar Minuten deinem Atem lauschen ... → ***ca. 2 Min. Pause***

Strecke und dehne zum Abschluss deinen gesamten Körper und lasse bei einem ausgiebigen Gähnen wieder bewusst Sauerstoff in deinen Körper fließen ...

Variante *(Bei dieser Variante dreht sich alles um Vokale und Konsonanten. Das Alphabet wird deutlich langsamer aufgesagt, da mehrere Gedankengänge verarbeitet werden müssen.)*

Stelle bei dieser Übung die Stühle zur Seite und überlege kurz für dich, welche Vokale und Konsonanten in deinem Vor- und Nachnamen vorkommen ... Bei den Konsonanten springst du auf und streckst dich weit nach oben. Bei allen Vokalen gehst du tief in die Hocke ...

Nach Beendigung des Alphabets kannst du deinen Kopf und Oberkörper entspannt auf deinen Tisch ablegen und für ein paar Minuten deinem Atem lauschen ... → ***ca. 2 Min. Pause***

Strecke und dehne zum Abschluss deinen gesamten Körper und lasse bei einem ausgiebigen Gähnen wieder bewusst Sauerstoff in deinen Körper fließen ...

Tipp

Demonstrieren Sie die Übung mit Ihrem eigenen Namen, während Sie langsam und deutlich die Buchstaben von A–Z in der gewünschten Sprache aufsagen.

Kreismassage

Materialien
✓ evtl. Entspannungsmusik und Abspielgerät

Zielsetzung und Einsatzmöglichkeiten
✓ Wahrnehmung verschiedener taktiler Reize
✓ Verbesserung der Durchblutung
✓ Auflockerung und Entspannung im Unterricht
✓ Aktivierungsübung bei aufkommender Unruhe oder Ermüdung

Vorbereitung
✓ In gemischten Klassen empfehle ich, einen Mädchenkreis und einen Jungenkreis zu machen, da Berührungen im Allgemeinen und in manchen Altersgruppen sehr unterschiedlich empfunden werden.
✓ Jeder findet im Kreis einen Rücken vor sich, den er vorsichtig massieren kann. Ein ausreichend großer Abstand ermöglicht eine angenehme und gefühlvolle Massage.
✓ Starten Sie die Entspannungsmusik, falls erwünscht.

Hinführung

Berührungen haben einen beruhigenden Einfluss auf Körper und Geist und wirken sich positiv auf unser Wohlbefinden aus. Bestimmt kannst du dich daran erinnern, wie gut eine wärmende Hand bei Bauchschmerzen wirkt oder eine tröstende Umarmung uns das Gefühl von Geborgenheit und Mitgefühl vermitteln kann. Auch das sanfte Massieren der Schläfen kann bei Kopfschmerzen oder Überlastung eine heilende und entspannende Wirkung erzeugen. Kennst du weitere Beispiele aus deinem Alltag, bei denen du Berührung als angenehm und schmerzlindernd erlebt hast?
Nun bist du eingeladen, dich von einem Mitschüler deiner Wahl massieren zu lassen, um dabei zu spüren, wie entspannend und gleichzeitig aktivierend sich eine leichte Rückenmassage auf deinen Körper auswirken kann.

Durchführung

Jeder sucht sich seinen Platz im Kreis ... Lege die Hände wärmend auf den Schultern des Vordermannes ab ...

Massiere behutsam die Schultern des Vordermannes ...
→ ***ca. 20 Sek.***

Knete leicht den Nacken ... → ***ca. 20. Sek.***

Klopfe den Rücken gefühlvoll mit der Handinnenfläche aus ...
→ ***ca. 20 Sek.***

Streife den Rücken langsam und wohltuend mit beiden Händen aus ... → ***ca. 20 Sek.***

Dreht euch nun um 180 Grad um und wiederholt die Übung in die andere Richtung ...

Massiere behutsam die Schultern des Vordermannes ...
→ ***ca. 20 Sek.***

Knete leicht den Nacken ... → ***ca. 20 Sek.***

Klopfe den Rücken gefühlvoll mit der Handinnenfläche aus ...
→ ***ca. 20 Sek.***

Streife den Rücken langsam und wohltuend mit beiden Händen aus ... → ***ca. 20 Sek.***

Nimm zum Abschluss eine für dich entspannte Sitz- oder Liegeposition ein, in der du die Massage ein paar Minuten nachspüren kannst ... → ***ca. 3–4 Min. Pause***

Beende die Übung mit einem intensiven Strecken deines ganzen Körpers ...

Tipp

Ein wohliges Gefühl kann sich bei einer Kreismassage am ehesten einstellen, wenn wir den Menschen, der uns berührt, auch mögen. Lassen Sie deshalb die Schüler selbst entscheiden, ob und wo sie sich im Kreis positionieren wollen.

4

KAPITEL

Mit Ruheübungen den STRESS bewältigen

Damit wir Informationen verarbeiten können, werden im Gehirn elektrische Impulse erzeugt, die man im Allgemeinen als Gehirnwellen bezeichnet. Jeder Anspannungszustand weist dabei typische Frequenzbereiche auf, die wir in Hertz messen (1 Hz = 1 Schwingung pro Sekunde). Es gibt die Deltawellen (0,5–3,5 Hz) in der Tiefschlafphase, die Tetawellen (3,5–8 Hz) in der Traumphase, die Alphawellen (8–14 Hz) in der Tiefenentspannungs- oder Reinigungsphase, die Betawellen (14–35 Hz) in der Aufwach- und Routinephase und die Gammawellen (35–100 Hz) in der höchsten Stufe der Anspannung bei großem Stress und hohen Anforderungen, wie z. B. vor Prüfungen. Haben wir weniger Belastung, befinden wir uns meist in einem leicht angespannten Wachzustand, dem Betawellen-Bereich, der uns die Verarbeitung von Lernstoff problemlos ermöglicht. Noch besser klappt jedoch die Informationsaufnahme und -verarbeitung im Alphawellen-Bereich (8–14 Hz), einem Zustand großer Entspannung, den wir in vertrauter Umgebung bei niedriger Belastung und angenehmer Stille vorfinden.
Im Schulalltag gibt es bei Schülern und auch bei Lehrkräften viele Faktoren, die die Lern- und Aufnahmefrequenz stören können. Dies können äußere, für uns gut wahrnehmbare Faktoren sein, wie z. B. große Unruhe im Klassenzimmer, Notendruck vor den Zeugnissen, Leistungsdruck durch permanentes Vergleichen u. v. a. Es spielen aber auch Faktoren eine Rolle, die wir bei unseren Mitmenschen auf den ersten Blick nur schwer erkennen können, wie z. B. Schlafprobleme, soziale und familiäre oder gesundheitliche Probleme.
Entlastende Ruhepausen, die im Schulalltag regelmäßig durchgeführt werden, können uns lehren, die Signale unseres Körpers in belastenden Momenten wahrzunehmen und richtig zu deuten. Schüler und Lehrer meiner Testklassen empfanden die Übungen zunehmend bereichernd und Druck mindernd. Einige Schüler veränderten sogar ihr Freizeitverhalten durch bewusstes Ausruhen am Nachmittag, frühere Bettgehzeiten und weniger Medienkonsum.
Übungsbeispiele, wie das Eintauchen in den Alphawellen-Bereich, einen für den Lernerfolg so wichtigen und für unsere Gesunderhaltung unverzichtbaren Bereich der „mentalen Müllentsorgung“, schnell und unkompliziert gelingen kann, finden Sie auf den folgenden Seiten.

Wichtig: Werden diese Übungen als Ritual zum Beginn des Schuljahres eingeführt, können sie jederzeit, wenn gewünscht, zu einer beruhigenden Klassenatmosphäre beitragen.

Die verwendeten Ruheübungen sind:

⇨ Ruhe tut gut! (S. 74)
⇨ Muskelentspannung (S. 76)
⇨ Wärmelenkung (S. 79)
⇨ Orangen-Experiment (S. 82)
⇨ Ruhemeditation für Fortgeschrittene (S. 83)
⇨ Winterrätsel (S. 85)
⇨ Der Blick in die Zukunft (S. 87)

Ruhe tut gut!

Materialien

- ✓ evtl. Entspannungsmusik und Abspielgerät, Stühle oder Matten

Zielsetzung und Einsatzmöglichkeiten

- ✓ Förderung von Ruhe
- ✓ Verbesserung der Aufnahme- und Verarbeitungsfähigkeit
- ✓ Fortgeschrittenenübung bei entspannungserfahrenen Schülern
- ✓ thematischer Einstieg in das Sozialtraining
- ✓ Auszeitübung für zwischendurch

Vorbereitung

- ✓ Die Schüler nehmen eine entspannte Sitz- oder Liegeposition ein, die Augen können dabei geschlossen oder auf einen Punkt fixiert werden.
- ✓ Starten Sie die Entspannungsmusik, falls erwünscht.

Hinführung

„Lass mich endlich/einfach in Ruhe!" Kannst du dich noch daran erinnern, wann und zu wem du diesen Satz das letzte Mal gesagt hast? Kannst du dich noch an die Situation, an den Auslöser erinnern? Weißt du, warum es manchmal für uns wichtig ist, uns so deutlich abzugrenzen, und welche Funktion dieser Satz erfüllt?
Fühlen wir uns durch unsere Mitmenschen oder durch extrem belastende Situationen in die Enge getrieben, überfordert oder verletzt, dann wird in unserem Körper ein Überlebensmechanismus in Gang gesetzt, der es uns ermöglicht, schnell aus dieser Bedrohungssituation zu fliehen. Ein örtlicher Rückzug gibt uns die Gelegenheit, uns neu zu sortieren und negative Gefühle deeskalierend zu verarbeiten. Oftmals sind es unsere eigenen Bewertungen, Erwartungen oder Wünsche, die uns so störend in einen Unruhezustand versetzen und diesen Fluchtmechanismus aktivieren.
Damit unser Fass weniger oft zum Überlaufen kommt, können wir trainieren, uns selbst in Ruhe zu lassen und somit die Ruhe in uns zuzulassen. Willst du dich auf ein Experiment einlassen und testen, wie diese Übung bei dir wirkt?

Durchführung

Du hast dich in eine entspannte Sitz- oder Liegeposition gebracht ... Deine geschlossenen Augen schützen dich vor neuen oder störenden Inputs ... Du darfst die nächsten Minuten nur an dich selbst denken ... Dich einfach mal in Ruhe lassen ...

Lenke nun deine Gedanken zu deinem Körper ... Beruhige in den nächsten Minuten deinen Kopf ... Wiederhole dazu den folgenden Ruhesatz mehrmals in Gedanken: „Ich schenke mir Ruhe!" ... „Ich schenke mir Ruhe!" ... „Ich schenke mir Ruhe!" ... „Ich schenke mir Ruhe!"... → ***ca. 2 Min. Pause***

Sollte dich ein anderer Gedanke stören wollen, dann wiederhole in Ruhe deinen Ruhesatz: „Ich schenke mir Ruhe!" ... „Ich schenke mir Ruhe!" ... „Ich schenke mir Ruhe!" ... „Ich schenke mir Ruhe!" ... → ***ca. 2 Min. Pause***

Beende jetzt die Übung ... Strecke und dehne deinen Körper auf deine Weise ...
Öffne deine Augen und orientiere dich in deinem Raum ...
Stehe auf und schüttle dich noch mal kräftig durch ...

Optionale Kurzreflexion

✓ War es schwer, dich selbst in Ruhe zu lassen?

✓ Konntest du mit dieser Übung Ruhe finden?

✓ Wie hat die Ruhe auf dich gewirkt?

Muskelentspannung

Materialien
- ✓ evtl. Entspannungsmusik und Abspielgerät, Stühle

Zielsetzung und Einsatzmöglichkeiten
- ✓ Entspannung der Muskulatur bei Unruhe und Konzentrationsproblemen
- ✓ Ausbalancierung von Anspannung und Entspannung
- ✓ Abbau von Nervosität vor und nach Schulaufgaben
- ✓ Ruheförderung für zwischendurch

Vorbereitung
- ✓ Die Schüler sitzen mit aufrechtem Rücken auf der vorderen Stuhlkante.
- ✓ Die Augen sind geschlossen oder auf einen Punkt gerichtet.
- ✓ Starten Sie die Entspannungsmusik, falls gewünscht.

Hinführung

Bei lang anhaltenden Lern- und Konzentrationsphasen spannen wir meist unbewusst sehr viele unserer 650 Körpermuskeln an. Anspannungen nehmen wir erst dann wahr, wenn die Muskelkontraktionen unsere ganze Aufmerksamkeit beanspruchen, z. B. durch Schmerzen im Kopf-, Nacken-, Schulter- und Rückenbereich, aber auch durch deutlich spürbare Verspannungen im Arm- und Handbereich, z. B. nach langen Schreibphasen. Was können wir dagegen tun?
Damit es erst gar nicht zu solch heftigen Anspannungen und den daraus resultierenden, oben genannten Beschwerdebildern kommt, können wir lernen, uns bereits im Vorfeld um unsere betroffenen Muskeln zu kümmern. Hast du Lust, dich bei der nächsten Übung mal um deine Muskeln zu kümmern?

Durchführung

Nimm auf der vorderen Stuhlkante Platz ... Achte auf einen guten Stand deiner Füße ... Schließe deine Augen für eine kurze Übungseinheit ... Atme nun ein und balle deine Fäuste mit deiner ganzen Kraft ... Spüre die Anspannung in beiden Armen und Händen ... Halte die Anspannung 5 Sekunden ...
1 ... 2 ... 3 ... 4 ... 5 ...

Lockere die Anspannung ... Atme dabei, langsam von zehn bis null rückwärts zählend, aus ... 10 ... 9 ... 8 ... 7 ... 6 ... 5 ... 4 ...

3 ... 2 ... 1 ... 0 ... Locker lassen ... Schüttle Hände und Arme kräftig aus ... Lege sie dann auf deinen Oberschenkeln ab ... Atme entspannt weiter ... Spüre der Entspannung in deinen Hand- und Armmuskeln nach ...

Greife seitlich mit den Händen an deine Sitzfläche ... Ziehe die Sitzfläche einatmend mit deiner ganzen Kraft nach oben ... Spüre die Anspannung im Schulter-Armbereich ... Halte die Anspannung 5 Sekunden ... 1 ... 2 ... 3 ... 4 ... 5 ...

Lockere die Anspannung ... Atme dabei, langsam von zehn bis null rückwärts zählend, aus ... 10 ... 9 ... 8 ... 7 ... 6 ... 5 ... 4 ... 3 ... 2 ... 1 ... 0 ... Locker lassen ... Hände und Arme kräftig ausschütteln ... Lege sie dann auf deinen Oberschenkeln ab ... Atme entspannt weiter ... Spüre die Entspannung deiner Schulter- und Armmuskeln ...

Drücke nun beide Handballen, seitlich einatmend, mit der größtmöglichen Kraft auf die Sitzfläche ... Spüre die Dehnung des oberen Rückenbereiches ... Halte die Anspannung 5 Sekunden ... 1 ... 2 ... 3 ... 4 ... 5 ...

Lockere die Anspannung ... Atme dabei, langsam von zehn bis null rückwärts zählend, aus ... 10 ... 9 ... 8 ... 7 ... 6 ... 5 ... 4 ... 3 ... 2 ... 1 ... 0 ... Locker lassen ... Hände und Arme kräftig ausschütteln ... Lege sie dann auf deinen Oberschenkeln ab ... Atme entspannt weiter ... Spüre die Entspannung in deinem Rückenbereich ...

Verschränke deine Hände hinter dem Kopf ... Atme ein und drücke sie dabei gegen den Widerstand deines Kopfes nach vorn ... Spüre die Anspannung im Nackenbereich ... Halte die Anspannung 5 Sekunden ... 1 ... 2 ... 3 ... 4 ... 5 ...

Lockere die Anspannung ... Atme dabei, langsam von zehn bis null rückwärts zählend, aus ... 10 ... 9 ... 8 ... 7 ... 6 ... 5 ... 4 ... 3 ... 2 ... 1 ... 0 ... Locker lassen ... Hände und Arme kräftig ausschütteln ... Lege sie dann auf deinen Oberschenkeln ab ... Atme entspannt weiter ... Spüre die Entspannung in deinem Nackenbereich ...

Umklammere beide Hände einatmend hinter deinem Rücken ... Ziehe deine Arme möglichst gut nach hinten oben ... Spüre die Anspannung im Brustbereich ... Halte die Anspannung 5 Sekunden ... 1 ... 2 ... 3 ... 4 ... 5 ...

Lockere die Anspannung ... Atme dabei, langsam von zehn bis null rückwärts zählend, aus ... 10 ... 9 ... 8 ... 7 ... 6 ... 5 ... 4 ... 3 ... 2 ... 1 ... 0 ... Locker lassen ... Hände und Arme kräftig ausschütteln ... Lege sie dann auf deinen Oberschenkeln ab ... Atme entspannt weiter ... Spüre die Entspannung in deinem Brustbereich ...

Beende die Übung nun mit einer sanften Nackenmassage ... Lockere kurz deine Beinmuskeln mit einer leichten Klopf-Massage ... Lege abschließend Kopf und Arme entspannt auf dem Tisch ab ... Spüre noch ein paar Minuten deiner tiefen Entspannung nach und genieße die Ruhe ...

Tipp

Wiederholen Sie bei Bedarf und je nach Zeit die einzelnen Übungen mehrmals hintereinander, das beruhigt die Gedanken und aktiviert die erwünschte Aufnahmebereitschaft der Schüler.

Optionale Kurzreflexion

- ✓ Welche Muskelgruppen spürst du im Augenblick am deutlichsten?
- ✓ Kannst du dir vorstellen, diese Übung auch zu Hause am Schreibtisch zu machen?

Wärmelenkung

Materialien	✓ evtl. Entspannungsmusik und Abspielgerät, Stühle oder Matten
Zielsetzung und Einsatzmöglichkeiten	✓ wohltuende Durchblutung und Erwärmung des Körpers ✓ Förderung der Konzentration und Wahrnehmung ✓ Ruheförderung ✓ Abbau muskulärer Anspannungen vor und nach Prüfungen ✓ mentale Entspannung
Vorbereitung	✓ Die Schüler nehmen eine entspannte Sitz- oder Liegeposition ein. ✓ Starten Sie die Entspannungsmusik, falls erwünscht.

Hinführung

Bestimmt kannst du dich an das Gefühl erinnern, wenn dich nach einem langen Winter zum ersten Mal die Kraft der Frühlingssonne überrascht und du nach der Schule ohne Jacke nach Hause gehen kannst. Das Glücksgefühl, von intensiver Wärme überrascht zu werden, ist ganz tief in deinem Unterbewusstsein gespeichert.
Bei der folgenden Übung kannst du die gespeicherte Erinnerung aus deinem Gedächtnis locken und dich mit Frühlingswärme verwöhnen. Lasse in deiner Vorstellung die angenehme Wärme durch all deine Blutbahnen in die Körperbereiche fließen, die bei dieser Übung genannt werden.

Durchführung

Lenke deine Gedanken zu deinem Körper ... Lenke sie zu deinem Herzen ... Stelle dir vor, wie ein kleiner Wärmepunkt ganz tief in deinem Herzen entsteht ...
Beobachte, wie dein Herz diesen Wärmepunkt langsam durch deinen ganzen Körper pumpt und der Sauerstoff in deiner Atemluft die Wärme transportiert ...

Begleite diesen Wärmepunkt nun gedanklich zu deinem rechten Fuß ... Spüre, wie die wohltuende Kraft des kleinen Punktes den Weg zum rechten Fuß wohltuend erwärmt ... Atme ein und wieder aus ...

Lasse nun deinen Wärmepunkt gedanklich zum linken Fuß fließen ... Beobachte, wie dein Blut den Wärmepunkt langsam weiter transportiert ... Spüre, wie die wohltuende Kraft des kleinen Punktes den Weg dahin wohltuend erwärmt ... Atme ein und wieder aus ...

Lasse nun deinen Wärmepunkt gedanklich zum rechten Oberschenkel fließen ... Beobachte, wie dein Blut den Wärmepunkt langsam weiter transportiert ... Spüre, wie die wohltuende Kraft des kleinen Punktes den Weg dahin wohltuend erwärmt ... Atme ein und wieder aus ...

Lasse nun deinen Wärmepunkt gedanklich zum linken Oberschenkel fließen ... Beobachte, wie dein Blut den Wärmepunkt langsam weiter transportiert ... Spüre, wie die wohltuende Kraft des kleinen Punktes den Weg dahin wohltuend erwärmt ... Atme ein und wieder aus ...

Lasse nun deinen Wärmepunkt gedanklich zur rechten Schulter fließen ... Beobachte, wie dein Blut den Wärmepunkt langsam weiter transportiert ... Spüre, wie die wohltuende Kraft des kleinen Punktes den Weg dahin wohltuend erwärmt ... Atme ein und wieder aus ...

Lasse nun deinen Wärmepunkt gedanklich zur linken Schulter fließen ... Beobachte, wie dein Blut den Wärmepunkt langsam weiter transportiert ... Spüre, wie die wohltuende Kraft des kleinen Punktes den Weg dahin wohltuend erwärmt ... Atme ein und wieder aus ...

Lasse nun deinen Wärmepunkt gedanklich in deinen Rücken fließen ... Beobachte, wie dein Blut den Wärmepunkt langsam weiter transportiert ... Spüre, wie die wohltuende Kraft des kleinen Punktes den Weg vom Nacken bis hinunter zum Lendenwirbel wohltuend erwärmt ... Atme ein und wieder aus ...

Lasse nun deinen Wärmepunkt gedanklich zu deiner Bauchdecke fließen ... Beobachte, wie dein Blut den Wärmepunkt langsam weiter transportiert ... Spüre, wie die wohltuende

Kraft des kleinen Punktes den Weg nach vorn zum Bauch wohltuend erwärmt ... Atme ein und wieder aus ...

Beende nun die Wärmelenkung ... Spüre deinen Wärmeweg durch den Körper gedanklich noch mal kurz für dich nach ... Stehe langsam auf und aktiviere deine Muskeln durch kräftiges Ausschütteln und lasse deine momentane Grundentspannung im ganzen Körper wirken ....

Tipp Bei großer Hitze kann diese Übung auch zur Kühle-Lenkung verändert werden.

Optionale Kurzreflexion

- ✓ Konntest du die Kraft und Macht deiner Gedankenlenkung spüren?
- ✓ Gibt es noch Anspannungen, die du noch mal lockern willst?

Orangen-Experiment

Materialien

✓ evtl. Entspannungsmusik und Abspielgerät, Stühle und Tische, pro Schüler: 1 Orange, 1 Stift, 1 Schere, 1 Messer und 1 Blatt Papier (DIN A4)

Zielsetzung und Einsatzmöglichkeiten

✓ Beruhigung der Gedanken
✓ Weiterentwicklung geometrischer Grundvorstellungen in der Oberstufe
✓ vorweihnachtliche Einstimmung z. B. in Vertretungsstunden

Vorbereitung

✓ Jeder Schüler legt Orange, Messer, Schere, Stift und DIN-A4-Blatt bereit.
✓ Starten Sie die Entspannungsmusik, falls erwünscht.

Hinführung

Was hat Mathematik mit Entspannung zu tun? Bei dem folgenden Experiment kannst du dich mit dem Geschmack und Aroma einer Orange entspannen und gleichzeitig beweisen, dass der Flächeninhalt einer Kugel 4-mal so groß ist wie der Flächeninhalt des Kreises mit gleichem Radius. Hast du Lust, dich an dem Experiment zu beteiligen?

Durchführung

Lege die Orange auf ein Blatt Papier... Zeichne die Umrisse der Orange 4-mal möglichst genau ab ... Schäle anschließend die Orange und zerkleinere die Schale mit der Schere in möglichst viele kleine Stücke ... Verteile nun die Stücke lückenlos in die vier Papierkreise ... Hast du alle Kreise belegt, dann kannst du ganz entspannt die Orange essen ...

Tipp Delegieren Sie das Besorgen der Orangen an einen verlässlichen Schüler.

Ruhemeditation für Fortgeschrittene

Materialien

- ✓ evtl. Entspannungsmusik und Abspielgerät, Stühle

Zielsetzung und Einsatzmöglichkeiten

- ✓ Beruhigung durch Gedankenlenkung
- ✓ Schulung der Ruhe- und Entspannungsfähigkeit
- ✓ Regeneration nach langen Konzentrationsphasen
- ✓ Beruhigung vor oder nach Schulaufgaben und Prüfungen
- ✓ körperliche und mentale Entspannung zwischen den Stunden
- ✓ Lösung von Konzentrationsproblemen und Förderung der Ruhe im Klassenzimmer

Vorbereitung

- ✓ Die Schüler nehmen eine entspannte Sitzposition ein.
- ✓ Starten Sie die Entspannungsmusik, falls erwünscht.

Hinführung

Jeder Mensch sehnt sich ab und zu nach Ruhe. In der Ruhe finden wir wieder zu uns zurück und können uns für neue Aufgaben stärken. Die Ruhe über längere Zeit auszuhalten, fällt uns allerdings immer schwerer. Diese Übung trainiert deine Ruhe- und Entspannungsfähigkeit. So kannst du bereits nach kürzester Zeit deine Konzentrationsfähigkeit wiederherstellen und dich für neue Aufgaben wappnen.

Durchführung

Ich setze mich aufrecht an den Tisch ... Meine Füße stehen schulterbreit mit gutem Bodenkontakt unter dem Tisch ... Meine Hände liegen entspannt auf dem Tisch ... Mein Rücken spürt die Stuhllehne ... Meine Augenlider fallen für einen Moment locker nach unten ...

Ich hebe mein rechtes Bein langsam vom Boden ab ... Bewege die Zehen und lasse das Bein wieder zurückfallen ... Ich hebe mein linkes Bein langsam vom Boden ab ... Bewege die Zehen und lasse das Bein wieder zurückfallen ...

Ich drücke den unteren Rücken in die Sitzlehne ... Ziehe meinen Bauchnabel tief ein und lasse ihn wieder los ... Ich drücke meinen Brustkorb nach außen und lasse ihn wieder los ...

Ich hebe meinen rechten Arm ... Spreize meine Finger und lasse den Arm wieder los ... Ich hebe meinen linken Arm ... Spreize meine Finger und lasse den Arm wieder los ...

Ich lasse meine Schultern nach hinten kreisen und lasse wieder los ...

Ich lasse meinen Kopf zur Decke wachsen und lasse wieder los ... Ich presse Augen und Lippen zusammen und lasse wieder los ...

Ich atme nun tief ein und lasse die Luft wieder ausströmen ... Ich lege nun beide Hände auf meine Oberschenkel und spüre die Schwere im ganzen Körper ... Mit jedem Atemzug sinkt mein Körper tiefer und schwerer in den Stuhl ...

Meine Muskeln entspannen sich angenehm ... Im Rhythmus meiner Ein- und Ausatmung gehe ich so weit in die Stille, wie es mir im Augenblick angenehm erscheint ... Ich beobachte dabei, wie ich mich innerlich beruhige ... → ***ca. 5 Min. Pause***

Ich beende nun die Übung und öffne langsam meine Augen ... Ich strecke und schüttle meinen Körper ... Ich gähne nach Herzenslust und komme wach und fit wieder in unseren Raum zurück ...

Tipp Diese Übung eignet sich besonders für entspannungserfahrene Schüler.

Winterrätsel

Materialien	✓ evtl. Entspannungsmusik und Abspielgerät, Stühle und Tische, pro Schüler: 1 Stift und 1 Blatt Papier (DIN A4), optional: Gummibärchen zur Belohnung
Zielsetzung und Einsatzmöglichkeiten	✓ Förderung der Entspannung ✓ Förderung der Konzentration durch achtsames Zuhören ✓ mentale und körperliche Auszeit für zwischendurch ✓ Beruhigung bei lauten und unruhigen Klassen
Vorbereitung	✓ Die Schüler nehmen eine entspannte Sitzposition ein. Die Augen sind geschlossen oder auf einen vorgegebenen Punkt fixiert. ✓ Starten Sie die Entspannungsmusik, falls erwünscht.

Hinführung

Rätseln kann nicht nur Spaß machen, sondern auch unsere Gehirnzellen aktivieren und unsere Konzentrationsfähigkeit durch aufmerksames Zuhören schulen. Bei der folgenden Übung kannst du deine Zuhörfähigkeit testen und versuchen, die sechs Fehler, die sich eingeschlichen haben, zu erkennen. Wer am Ende des Rätsels alle Fehler erkannt hat, darf diese auf seinen Zettel schreiben und auf eine kleine Belohnung hoffen.

Durchführung

Ich setze mich aufrecht an den Tisch ... Meine Füße stehen schulterbreit mit gutem Bodenkontakt unter dem Tisch ... Meine Hände liegen entspannt auf dem Tisch ... Mein Rücken spürt die Stuhllehne ... Meine Augenlider fallen für einen Moment locker nach unten ... Ich lasse die aufkommende Ruhe in mir zu und folge mit meinen Gedanken ganz entspannt der Geschichte ...

Letzte Nacht hat es kräftig geschneit. Der Wintereinbruch hat alle Menschen überrascht. Die Straßen und Fahrradwege sind noch nicht geräumt und so beschließt du, den heutigen Tag mit einem Abenteuer zu beginnen und deine Wintertauglichkeit zu testen. Auf dem Weg zur Schule kannst du heute die kalte, winterliche Luft am ganzen Körper spüren. Du willst pünktlich und aufgewärmt zur Schule kommen und legst deshalb mit deinem Rad einen **schnellen Spurt (1)** ein. Um bei dieser Witterung gesund zu bleiben, **atmest du vorsichtshalber durch den Mund ein, damit die Luft erwärmt in die Luftröhre fließen (2)** kann. Gerade noch rechtzeitig kannst du einem **Mückenschwarm (3)** ausweichen, der sich ziellos durch die eisige Luft bewegt. Der Radweg ist matschig und streckenweise vereist. Ein Autofahrer, der es eilig hat, erschreckt dich mit seinen **quietschenden Reifen (4)** auf der schneebedeckten Straße. Das einsetzende Schneetreiben erschwert deine Sicht und du kannst gerade noch rechtzeitig einem Fußgänger ausweichen, der es sich auf einer **grünen, saftigen Wiese (5)** neben dem Radweg gemütlich machen will. Kurz vor der Schule, fährt ein Autofahrer, ohne zu schauen, aus der Parklücke. Mit den dünnen und profillosen Reifen kannst du auch im Notfall schnell reagieren und bist dank der **verbesserten Reibung (6)** jederzeit bremsbereit. Das ging noch mal gut!

Öffne nun wieder deine Augen ... Nimm die Helligkeit des Raumes wahr ... Atme noch mal tief ein und aus ... Strecke und recke deinen Körper, so wie es für dich angenehm ist ... Nimm nun einen Stift zur Hand und notiere in aller Ruhe die Fehler, die du in dieser Geschichte erkennen konntest ...

Tipp

Lassen Sie die Schüler erst am Ende des Rätsels zu Stift und Papier greifen, damit die Konzentration nicht unnötig gestört wird. Eine kleine Belohnung, z. B. Gummibärchen, motiviert selbst die „coolsten" Schüler zum Mitmachen.

Optionale Kurzreflexion

- ✓ Welche Fehler hast du entdeckt?
- ✓ Welche Gesetzmäßigkeiten verbergen sich hinter diesen Fehlern?

Der Blick in die Zukunft

Materialien
- ✓ evtl. Entspannungsmusik und Abspielgerät, Stühle

Zielsetzung und Einsatzmöglichkeiten
- ✓ Steigerung der Lernmotivation
- ✓ Ermitteln des Lebensziels
- ✓ Aufhellung der Stimmung
- ✓ Sinnfindung bei Motivationsproblemen in der Pubertät

Vorbereitung
- ✓ Die Schüler nehmen eine entspannte Sitzhaltung ein.
- ✓ Starten Sie die Entspannungsmusik, falls erwünscht.

Hinführung

Hast du in deinem Schulalltag schon mal einen Durchhänger erlebt? Eine Phase der Unlust, in der Fragen nach dem Sinn des Lernens genauso auftauchen wie die mangelnde Motivation, sich Lernstoff einzuprägen, dessen Bedeutung für die Zukunft einem oftmals nicht klar ist, kommt in jedem Schülerleben mal vor. Hier hilft es, den Blick ein paar Jahre in die Zukunft zu lenken, um herauszufinden, in welche Richtung du dein Leben lenken willst und was du von deinem Leben erwartest. Hast du Lust, deine Gedanken in deine Zukunft zu lenken?

Durchführung

Ich sitze entspannt auf meinem Stuhl ... Meine Füße berühren den Boden ... Meine Hände liegen locker auf meinen Oberschenkeln ... Meine Augenlider fallen für einen Moment locker nach unten ... Ich lasse die aufkommende Ruhe in mir zu und mache mir klar, dass die nächsten Minuten nur mir gehören ... Alles andere ist unwichtig ... Ich bin dankbar für diese Unterbrechung ... → ***ca. 30 Sek. Pause***

In dieser Ruhe erlaube ich mir, meinen Blick in die Zukunft zu lenken ... Ich gehe dabei gedanklich ein Jahr nach vorn und überlege mir, was ich in einem Jahr erreicht haben will ... Ich denke dabei nur Positives und lasse alle Gedanken großzügig zu ... Ich freue mich über jeden Gedanken, der in meinem Kopf auftaucht, und spüre die kraftvolle Wirkung meiner Gedanken ... → ***ca. 1 Min. Pause***

Nun erlaube ich mir, meinen Blick noch weiter in die Zukunft zu lenken ... Ich gehe dabei gedanklich fünf Jahre nach vorn und überlege mir, wo ich mich in fünf Jahren sehe und was ich bis dahin erreicht haben will ... Ich denke dabei nur Positives und lasse alle auftauchenden Gedanken großzügig zu ... Ich freue mich über jeden Gedanken, der in meinem Kopf entsteht, und spüre die wohltuende Wirkung meiner Gedanken ...
→ ***ca. 1 Min. Pause***

Gut gelaunt, wandere ich noch einen großen Schritt weiter in meine Zukunft ... Ich gehe dabei gedanklich zehn Jahre nach vorn und überlege mir, wo ich mich in zehn Jahren sehe und was ich bis dahin erreicht haben will ... Ich denke dabei nur Positives und lasse wieder alle Gedanken zu ... Ich freue mich über jeden Gedanken, der in meinem Kopf auftaucht, und spüre die angenehme und inspirierende Wirkung meiner Gedanken ... → ***ca. 1 Min. Pause***

Steigere deinen Blick in die Zukunft und versuche, dir nun vorzustellen, was aus dir in 20 Jahren geworden ist ... Wie lebst du? ... In deiner eigenen Wohnung oder in deinem Haus? ... Allein oder mit deiner eigenen Familie, deinen Kindern? ... Mit welcher Arbeit willst du dein Geld verdienen? ...
→ ***ca. 1 Min. Pause***

Ich beende die Übung und lenke meine Gedanken wieder in den Augenblick zurück ... Ich öffne meine Augen und strecke und dehne mich auf meine Art und Weise ... Ich erlebe mich kraftvoll und fit ...

Optionale Kurzreflexion

✓ Welche Gedanken haben dich besonders positiv gestimmt?

✓ Ist dir der Blick in die Zukunft leichtgefallen?

Mit Achtsamkeitsübungen den STRESS bewältigen

Aufmerksamkeit und Konzentration erfordert von Schülern und Lehrern ein hohes Maß an Selbstdisziplin. Sie sind im Unterrichtsalltag ständigen Schwankungen unterworfen. Störende Kommentare, Zwischenrufe, körperlich demonstrativ zur Schau gestelltes Desinteresse und fehlende Mitarbeit fordern von Lehrern oft ein Höchstmaß an Selbstbeherrschung und Konsequenz und führen oftmals zu Stress und Unzufriedenheit auf beiden Seiten.
Auch für Schüler ist es oftmals schwierig und anstrengend, die Konzentration über viele Stunden aufrechtzuerhalten und die zahlreichen unterschiedlichen Informationen zu verarbeiten.
Mittlerweile werden Fortbildungsveranstaltungen angeboten, in denen Lehrer die Methode der Achtsamkeit erlernen können. Dies hat zur Folge, dass auch immer mehr Schüler von dem Wissen ihrer Lehrer profitieren können und im Rahmen des Unterrichts lernen, sich selbst und ihr Umfeld achtsamer und mitfühlender wahr- und anzunehmen. Wer lernt, sich selbst zu spüren und gut mit sich selber umzugehen, wird auch mit den Mitmenschen respektvoller und rücksichtsvoller umgehen wollen.
Mit den folgenden Wahrnehmungs- und Körperübungen erleichtern Sie sich und Ihren Schülern den Einstieg in eine oftmals unbekannte Welt der achtsamen und auf den gegenwärtigen Moment gerichteten Selbstwahrnehmung. Regelmäßig durchgeführt, wirken die Übungen konzentrations- und ruhefördernd. Sie stärken die Eigenverantwortung und das Mitgefühl gegenüber anderen.
In meiner Arbeit mit Schülern starte ich stets mit einer Gummibärchen-Blindverkostung, mit dem Ziel, die Farbe und die Frucht der Bärchen lediglich durch bewusstes Schmecken zu erkennen. Damit gelingt es mir meist, die Schüler durch alle Klassen hinweg für die Achtsamkeit zu begeistern.

Die verwendeten Achtsamkeitsübungen sind:

Heimat

Materialien
- ✓ evtl. Entspannungsmusik und Abspielgerät, Matten

Zielsetzung und Einsatzmöglichkeiten
- ✓ Entdeckung von körperlicher und seelischer Entspannung als Kraftquelle
- ✓ themenzentrierte Entspannung, z. B. bei Kindern mit Migrationshintergrund
- ✓ Ruheförderung für zwischendurch

Vorbereitung
- ✓ Die Schüler nehmen eine bequeme Liegeposition in Rückenlage ein. Die Arme und Hände liegen neben dem Körper. Die Augen sind geschlossen oder auf einen festen Punkt gerichtet.
- ✓ Starten Sie die Entspannungsmusik, falls erwünscht.

Hinführung

Mit der folgenden Übung möchte ich dich bitten, deine Aufmerksamkeit zu dem Begriff „Heimat" zu lenken, und dich einladen, ein paar Minuten darüber nachzudenken, was „Heimat" für dich bedeutet und was du mit „Heimat" verbindest. „Heimat" kann der Ort sein, an dem du geboren wurdest, an dem deine Familie und Freunde leben, ein Ort voller Geborgenheit und Sicherheit, aber auch ein Ort der Erinnerungen, der Traditionen und des Wohlgefühls. „Heimat" kann aber auch ein Ort der Sehnsucht und des Schmerzes sein.
Lasse deine Gedanken im Stillen ein wenig um das Wort „Heimat" kreisen. Vielleicht findest du heraus, was Heimat für dich persönlich bedeutet?

Durchführung

Ich liege nun flach auf dem Rücken ... Meine Beine fallen leicht auseinander ... Meine Arme liegen schwer neben meinem Körper ... Mein Atem fließt angenehm weich durch meinen Körper ... Mein Körper beginnt, ruhiger und entspannter zu werden ... Störende Geräusche treten mit jedem Atemzug in den Hintergrund und werden unwichtig ...

In dieser Ruhe beginne ich, mich zu erinnern, was Heimat für mich bedeutet ...

Welcher Ort ist meine Heimat? → ***ca. 30 Sek. Pause***

Wer gehört zu meiner Heimat? ... Familie? ... Freunde? ... Tiere? → ***ca. 30 Sek. Pause***

Welche Gefühle empfinde ich, wenn ich an meine Heimat denke? ... Sicherheit? ... Wärme? ... Geborgenheit? → ***ca. 30 Sek. Pause***

Welche Gerüche verbinde ich mit meiner Heimat? ... Landluft? ... Stadtluft? → ***ca. 30 Sek. Pause***

Gibt es einen Brauch, der für mich zu meiner Heimat gehört? → ***ca. 30 Sek. Pause***

Welches Essen gehört für mich zu meiner Heimat? → ***ca. 30 Sek. Pause***

Gibt es besondere Geräusche, an denen ich meine Heimat erkennen kann? → ***ca. 30 Sek. Pause***

Ist meine Schule für mich ein Stück Heimat? → ***ca. 30 Sek. Pause***

Lasse deine Gedanken noch ein wenig um deine Heimat kreisen ... → ***ca. 1–2 Min. Pause***

Beende nun diese kurze Gedankenreise ... Öffne deine Augen ... Richte deinen Körper langsam auf ... Strecke und dehne dich ausgiebig ... Atme noch mal kräftig durch und komme wach und erholt wieder zurück ...

Tipp Da diese Gedankenexkursion speziell bei Schülern mit Migrationshintergrund emotionale Reaktionen, wie Trauer, Wut und Aggressionen, hervorrufen kann, empfehle ich Ihnen, etwas Zeit für eine Nachbesprechung einzuplanen.

Optionale Kurzreflexion

✓ Was bedeutet Heimat für dich?

Insel der Düfte

Materialien	✓ evtl. Entspannungsmusik und Abspielgerät, Matten
Zielsetzung und Einsatzmöglichkeiten	✓ körperliche und seelische Entspannung ✓ Kennenlernen einer effektiven Methode der Wahrnehmungs- und Gedankenlenkung ✓ kleine Auszeit nach langen Arbeitsphasen ✓ Anleitung zum Träumen für zwischendurch
Vorbereitung	✓ Die Schüler liegen auf dem Rücken. Die Augen sind geschlossen oder auf einen Punkt fixiert. ✓ Starten Sie die Entspannungsmusik, falls gewünscht.

Hinführung

Wusstest du, dass von allen unseren Sinnen der Geruchssinn am ausgeprägtesten ist? So gibt es mehr Gerüche als Geschmacksrichtungen, Geräusche oder Farben. Selbst beim Schlafen bleibt unser Geruchssinn ständig aktiv und kann uns vor Gefahren, z. B. einem Feuer, warnen.
Gerüche beeinflussen unseren Alltag mehr, als uns bewusst ist. Der Duft von gebrannten Mandeln oder Glühwein löst wohltuende Stimmungen, Emotionen und ein intensives Weihnachtsgefühl bei uns aus. Selbst der Duft des Schulhauses aktiviert unser Gedächtnis und unsere Gefühle und lässt auch Jahrzehnte nach der Verabschiedung Vergangenes in Sekundenschnelle wieder aufleben.
Du bist nun eingeladen, mit deiner Fantasie spazieren zu gehen. Teste doch mal, welche Gefühle und Erinnerungen während der folgenden Übung in dir auftauchen.

Durchführung

Ich liege nun flach auf dem Rücken ... Meine Beine fallen leicht auseinander ... Meine Arme liegen schwer neben meinem Körper ... Mein Atem fließt angenehm weich durch meinen Körper ... Mein Körper beginnt, ruhiger und entspannter zu werden ... Störende Geräusche treten mit jedem Atemzug in den Hintergrund und werden unwichtig ...

In diesem Moment der beginnenden Ruhe tauchen in mir angenehme Bilder auf ... Ich finde mich auf einem Felsen einer Urlaubsinsel wieder ... Umgeben von kunstvoll angelegten und würzig duftenden Kräuter- und Obstgärten ... Es empfängt mich ein harziger, holziger Duft von Pinien und Zypressen ...

Die angenehm salzige und warme Meeresbrise lässt in mir ein intensives Gefühl von tiefer Entspannung entstehen ... Meine Augen saugen das klare, wohlige Blau des Meeres auf ... Der Wind lässt leckeren Duft von gegrilltem Essen durch meine Nase strömen ... Ich spüre, wie mein Körper auf den Duft reagiert ...

Meine Gedanken werden zu einer grün-gelb strahlenden Zitronenplantage gelenkt ... Der Duft reifer Zitronen berührt plötzlich ganz angenehm meine Sinne ...

Wieder lenken meine Gedanken meinen Blick zurück aufs Meer ... Ich beobachte die in der Sonne weiß glitzernden Planken der Yachten und das Auf und Ab der Wellen ... Ich spüre die wohlige Wärme des sandigen Bodens an meinen Füßen ... Salziger, fischiger Geruch strömt in meine Nase ... Ich atme ihn ein ...

Ich fühle mich sehr wohl ... Meine Gedanken genießen die Pause ... Sie geben die Ruhe an meinen Körper weiter ... Ich genieße den Moment des Nichtstuns und der Stille noch ein paar Minuten ... → ***ca. 3 Min. Pause***

Es wird wieder Zeit, mich auf meinen Rückweg zu begeben ... Ich verabschiede mich nun von meiner Insel der Düfte und komme langsam wieder in meinen Raum zurück ... Ich öffne meine Augen ... Atme noch 5-mal tief ein und aus ...

Abschließend bin ich erholt und wach ... Ich strecke und recke mich wie nach dem Schlafen und komme langsam wieder in meine Lernposition zurück ...

Optionale Kurzreflexion

✓ Welche Gefühle und Erinnerungen wurden mit dieser duftigen Gedankenreise bei dir geweckt?

Kapitel 5

Lernpause

Materialien	✓ evtl. Entspannungsmusik und Abspielgerät, Stühle und Tische
Zielsetzung und Einsatzmöglichkeiten	✓ Förderung der körperlichen Ruhe ✓ Gedankenberuhigung durch Gedankensteuerung ✓ Steigerung der Konzentration ✓ Konzentrationsförderung bei sportlichen Wettkämpfen ✓ fächerübergreifendes Ruheritual ✓ Hinführung zum Thema Gesunderhaltung des Körpers
Vorbereitung	✓ Die Schüler sitzen in aufrechter Sitzposition auf ihren Stühlen. ✓ Starten Sie die Entspannungsmusik, falls erwünscht.

Hinführung

Was bedeutet eigentlich Konzentration? Konzentration bedeutet, die bestmögliche Aufmerksamkeit auf eine bestimmte Tätigkeit oder Thematik zu lenken, mit dem Ziel, diese zu bewältigen oder zu lösen. Wie lange kannst du dich konzentrieren, ohne abzuschweifen? Merkst du nach der großen Pause eine Zunahme deiner Konzentration?
Du kannst deine Konzentrationsfähigkeit mit einfachen Übungen trainieren. Dafür ist es aber erst einmal wichtig, unsere Gedanken zu beobachten. Bewegst du dich z. B. gedanklich viel in der Vergangenheit mit Sätzen wie: „Hätte ich doch bloß ...!" oder in der Zukunft mit Sätzen wie: „Ich muss noch ...!"? Diese Gedanken bringen oftmals große Unruhe in unseren Kopf und verhindern, dass du dich auf den Moment konzentrieren kannst. Mit der folgenden Übung lernst du, die Zeitspanne deiner Konzentrationsfähigkeit zu erhöhen und deine Aufnahmebereitschaft zu verbessern, indem du mit deiner Aufmerksamkeit ausschließlich bei deinem Körper bleibst. Teste doch mal deine Konzentrationsfähigkeit.

Durchführung

Ich setze mich aufrecht an den Tisch ... Meine Füße stehen schulterbreit mit gutem Bodenkontakt unter dem Tisch ... Meine Hände liegen entspannt auf dem Tisch ... Meine Augenlider fallen für einen Moment locker nach unten ... Ich lasse die aufkommende Ruhe in mir zu und mache mir klar, dass die nächsten Minuten nur mir gehören ... Alles andere ist im Moment unwichtig ... Ich bin dankbar für diese Unterbrechung ... → ***ca. 30 Sek. Pause***

Mein Körper ist nun vollkommen ruhig und angenehm ... Ich spüre alle Kontaktpunkte meines Körpers zum Stuhl ... Meinen oberen Rücken an der Stuhllehne ... Mein Gesäß und meine Oberschenkel auf der Sitzfläche ... Meine Fußsohlen auf dem Boden ... Meine Fersen ... Meinen Großzehenballen ... Meine Zehen ... Ich atme ... → ***ca. 30 Sek. Pause***

Ich spüre meine Handflächen auf dem Tisch ... Meine Daumen ... Zeigefinger ... Mittelfinger ... Ringfinger ... Kleinen Finger ... Meine Handballen ... Ich atme ... → ***ca. 30 Sek. Pause***

Ich beobachte meine Atmung ... Die Bewegungen meiner Bauchdecke ... Die einströmende Luft ... Die ausströmende Luft ... Die Bewegungen meiner Nasenflügel beim Atmen ... Das rhythmische Zusammenspiel von Nase und Bauch ... Ich beobachte meine Atmung und nehme den Rhythmus wahr, so wie er jetzt ist ... Ich lasse den Atem fließen ...
→ ***ca. 30 Sek. Pause***

Ich löse meinen Rücken von der Stuhllehne und komme in eine aufrechte Sitzposition ... Ich spüre meine Hände und meine Unterarme auf dem Tisch ... Den veränderten Druck ... Meine Sitzbeinhöcker auf der Sitzfläche ... Den veränderten Druck ... Den Bodenkontakt meiner Füße ... Den veränderten Druck ... Ich atme ... → ***ca. 30 Sek. Pause***

Ich wende mich noch mal meinem Rücken zu ... Spüre die Streckung meiner Rückenwirbel ... Lasse meine Schultern locker nach unten sinken ... Spüre den Kontakt beider Handflächen zur Unterlage ... Ich strecke meinen Hals ... Meinen Nacken ... Ich atme ... → ***ca. 30 Sek. Pause***

Ich hebe den Kopf ... Mein Kinn ... Meine geschlossenen Augen sind nach vorn gerichtet ... Ich atme ... → ***ca. 30 Sek. Pause***

Ich lasse nun beide Hände nach unten fallen und führe sie langsam über die Seiten nach oben über meinen Kopf ... Ich verschränke meine Hände und schiebe die Handflächen nach oben zur Decke ... Dabei spüre ich die Dehnung in den Oberarmen und neige meinen Körper nach links und rechts ...

Anschließend stütze ich mich mit beiden Händen am Tisch ab und richte mich auf ... Ich gähne und zähle langsam bis fünf ... 1 ... 2 ... 3 ... 4 ... 5 ... Mit dem Öffnen meiner Augen und dem Schütteln meines Körpers komme ich wach und erholt in dieses Zimmer zurück ...

Optionale Kurzreflexion

- ✓ Wie lange konntest du dich konzentrieren, ohne abzuschweifen?
- ✓ Welche Stellen deines Körpers hast du bei dieser Übung besonders intensiv spüren können?
- ✓ Welchen Vorteil bringt die bewusste Wahrnehmung unseres Körpers im Alltag?

Ich bin einmalig

Materialien

- ✓ evtl. Entspannungsmusik und Abspielgerät, Stühle, Tische, pro Schüler: 1 Blatt Papier (DIN A4) und 1 Stift

Zielsetzung und Einsatzmöglichkeiten

- ✓ Erlernen einer effektiven Methode der Selbstentspannung durch Gedankenlenkung
- ✓ achtsame Wahrnehmung als Voraussetzung für Konzentration
- ✓ Überprüfung der eigenen Denk- und Sichtweise
- ✓ Stressabbau für zwischendurch
- ✓ Wahrnehmungs- und Ruheübung zur Beruhigung vor oder nach Prüfungen

Vorbereitung

- ✓ Die Schüler nehmen eine entspannte Sitzhaltung ein.
- ✓ Jeder hat einen Stift und ein leeres Blatt Papier im Querformat vor sich liegen. Das Blatt wird in der Mitte gefaltet.
- ✓ Starten Sie die Entspannungsmusik, falls erwünscht.

Hinführung

Im Allgemeinen tendieren wir Menschen eher dazu, unsere Aufmerksamkeit auf das Negative in uns zu lenken. Uns fällt es leichter, über unsere Schwächen zu sprechen, unser Aussehen zu kritisieren, über unsere Figur zu lästern und unsere Leistungen kleinzureden. Wir haben gelernt, unser Licht unter den Scheffel zu stellen, und erwarten stattdessen, dass uns die anderen loben, anerkennen und unsere Stärken bemerken. Obwohl dich niemand so gut kennt wie du selbst, vertraust du der Meinung anderer meist mehr und machst dich so unbewusst von deren Urteil abhängig. Wie wäre es, wenn du heute mal dir selbst vertraust und dir selbst bewusst machst, was alles für positive Eigenschaften in dir stecken. Sei mutig, schließlich kennst du dich am besten!

Durchführung

Ich setze mich entspannt an den Tisch ... Meine Füße stehen mit gutem Bodenkontakt unter dem Tisch ... Meine Hände liegen entspannt auf dem Tisch ... Mein Rücken hat Kontakt zur Stuhllehne ... Meine Augenlider fallen für einen Moment locker nach unten ... Ich lasse die aufkommende Ruhe in mir zu und lenke meine Gedanken zu meiner Person ... Ich versuche nun, in der Stille der Musik Antworten auf die folgenden Fragen zu finden ... Was finde ich an mir gut? Was kann ich gut? ... → ***ca. 1 Min. Pause***

Ich öffne nun wieder meine Augen ... Behalte die wohltuende Ruhe in mir ... Nehme den Stift zur Hand und schreibe die Anfangsbuchstaben meines Vornamens untereinander in die linke Hälfte meines Blattes ... Ich bin bereit, positive Eigenschaften, die mir einfallen und mit einem Buchstaben auf meiner Liste beginnen, zu notieren ... Fällt mir zu einem Buchstaben nichts ein, so habe ich den Mut, die Lücke zuzulassen ... Ich erlaube mir, in den nächsten Minuten nur das Positive in mir zu sehen und nutze die Anfangsbuchstaben für meine Suche ... → ***ca. 3–5 Min. Pause***

Nun beende ich die Übung und lege den Stift wieder beiseite ... Ich lese mir noch mal in aller Ruhe die Eigenschaften durch, die mich beschreiben ... Ich fühle mich bestärkt und kann nun voller Selbstbewusstsein den Tag weiter genießen ... Mit einem wohligen Strecken, Recken und Gähnen nehme ich mich und mein Umfeld wieder bewusst wahr ...

Optionale Kurzreflexion

- ✓ Ist es dir leichtgefallen, positive Eigenschaften zu finden?
- ✓ Wie fühlst du dich nach dieser mentalen Auffrischung?

Statue

Materialien

- ✓ Entspannungsmusik und Abspielgerät oder einen Gong, Stühle oder Matten

Zielsetzung und Einsatzmöglichkeiten

- ✓ Schulung der Körperwahrnehmung und -beruhigung
- ✓ Kurzentspannung bei großer Konzentrationsschwäche, Unlust oder Unruhe
- ✓ Training von Ausdauer und Muskelkraft
- ✓ kurze mentale Auszeit bei geistiger Erschöpfung
- ✓ Einsteigerübung z. B. bei Theaterworkshops

Vorbereitung

- ✓ Alle Schüler verteilen sich großzügig sitzend, liegend oder stehend im Raum. Diese Position sollte für ca. 6 Minuten gehalten werden können.
- ✓ Falls es einem Schüler nicht gelingt, diese Position über den Zeitraum hinweg zu halten, kann er so geräuschlos wie möglich diese Übung beenden und wieder Platz nehmen.
- ✓ Für das Beenden der Übung wird vorher ein Zeichen verabredet, dies kann z. B. ein Gong sein oder das Leiserwerden der Musik.
- ✓ Starten Sie die Entspannungsmusik, falls erwünscht.

Hinführung

Menschliche Statuen gehören in vielen touristischen Städten zum Stadtbild. Meist verkörpern die Statisten bekannte Sehenswürdigkeiten, wie z. B. die Freiheitsstatue, oder sie verkleiden sich als Berühmtheiten, wie z. B. als Charlie Chaplin oder als Elvis Presley. Um sich über so lange Zeit und trotz zahlreicher Ablenkungsversuche vorbeigehender Passanten so ruhig halten zu können, ist eine große Konzentrationsfähigkeit und eine ebenso große Körperbeherrschung notwendig.
Probiere in unserem nächsten Experiment mal aus, welche Ausdauer und Körperbeherrschung du mitbringst.

Durchführung

Ich stelle mich auf meinen Platz oder setze bzw. lege mich auf meine Unterlage ... Ich spüre den Kontakt zum Boden ... Ich atme nun tief ein und aus und wiederhole die Atmung, so wie es sich für mich gut anfühlt ... In diesem Moment der beginnenden Ruhe lausche ich in mich hinein ... Welche Figur und welche Körperhaltung könnte mir für diese Zeit genügend Stabilität geben ...? → ***ca. 2 Min. Pause***

Nun nehme ich in aller Ruhe die von mir gewählte Position ein ... Ich konzentriere mich ganz auf meine Berührungspunkte zum Boden ... Geräusche werden unwichtig und treten in den Hintergrund ... Ich begegne den Blicken und Kommentaren der vorbeigehenden Passanten mit großer Gelassenheit ... Unangenehmes prallt an mir ab ... Ich fühle mich gut und stark ... Ich halte bis zum Schlusssignal durch ... → ***ca. 3 Min. Pause und dann den Gong schlagen oder die Musik leiser drehen***

Mit dem Signal beende ich meine statische Körperhaltung ... Ich strecke und recke mich, so gut ich will und kann ... Ich fühle mich wach und fit und gehe zu meinem Platz zurück ...

Tipp Wählen Sie für diese Übung nur Klassen aus, die die nötige Entspannungsbereitschaft und die erforderliche soziale Reife mitbringen.

Optionale Kurzreflexion

- ✓ War es schwer, die Körperhaltung so lange Zeit zu halten?
- ✓ Wie würdest du mit den vielen Kommentaren der Passanten umgehen?

Höhlenwanderung

Materialien
- ✓ evtl. Entspannungsmusik und Abspielgerät, Matten

Zielsetzung und Einsatzmöglichkeiten
- ✓ Lockerung der Kiefermuskulatur – Lösen der Anspannung
- ✓ Regeneration zwischen den Stunden sowie vor oder nach anstrengenden Konzentrationsphasen

Vorbereitung
- ✓ Die Schüler nehmen eine entspannte Liegehaltung in Rückenlage ein.
- ✓ Starten Sie die Entspannungsmusik, falls erwünscht.

Hinführung

Bist du an manchen Tagen verspannt, hast Kopfschmerzen und weißt nicht warum? Bei großer Anspannung pressen wir oft unbewusst unsere Zahnreihen aufeinander oder bewegen die Zahnreihen knirschend hin und her. Dies machen wir nicht nur nachts, wenn wir schlafen und das Tagesgeschehen verarbeiten, sondern je nach Belastungssituation auch tagsüber bei großer Anspannung. Im Alltag fühlen wir uns dann oft müde und unkonzentriert, haben Nacken- und Kopfschmerzen und leiden auch mal unter Ohrgeräuschen.
Die folgende Übung unterstützt die wohltuende Lockerung deiner Kiefermuskulatur und sorgt bei regelmäßiger Anwendung für große Erleichterung. Probiere es doch mal aus!

Durchführung

Ich liege in Rückenlage auf meiner Matte ... Meine Beine fallen hüftbreit auseinander und meine Fußspitzen zeigen nach außen ... Meine Arme liegen neben dem Körper und meine Handflächen zeigen nach oben ... Mein Nacken ist lang gedehnt und mein Kinn ist leicht Richtung Brust nach unten geneigt ...

Mit jedem Atemzug sinkt mein Körper tief in die Matte ... Ich spüre meine gesamte Auflagenfläche ... Den Kontakt meiner Füße und meiner Beine ... Die Berührungspunkte meiner Gesäßhälften ... Die Fläche meines Rückens und meiner Schultern ... Den Kontakt meiner Arme und Hände zum Boden ... Die Auflagenfläche meines Kopfes ... Ich genieße den Augenblick der entspannten Ruhe und nehme jeden Atemzug von mir wahr ...

Ich lenke nun meine Gedanken zu meinem Mundraum und spüre meine Lippen ... Sie berühren sich leicht, während ich die Mundhöhle wie beim Gähnen weite ... Ich lasse ein aufkommendes Gähnen zu und schließe anschließend meinen Mund ...

Meine Zunge liegt entspannt auf dem Zungenboden ... Meine Lippen berühren sich leicht ... Ich aktiviere meine Zungenmuskulatur und führe meine Zungenspitze leicht über die oberen Zahninnenhälse ... Ich nehme jeden Zahn einzeln wahr und gehe dabei von einer Seite zu anderen ...

Nun streichle ich mit meiner Zungenspitze die äußeren Zahnflächen und nehme wieder jeden Zahn einzeln wahr ...

Ich wechsle mit meiner Zungenspitze zur unteren Zahnreihe und berühre die unteren Zahninnenhälse ... Zahn für Zahn gehe ich von einer Seite zur anderen ... Mit dem Richtungswechsel gehe ich mit der Zunge zu meiner unteren Zahnaußenfläche ... Ich nehme jeden Zahn bewusst wahr ...

Nun lockere ich meine Zunge in der Mundhöhle noch für eine kurze Zeit und lasse sie ganz frei schweben ... Ohne Berührung, ganz locker und frei ... → ***ca. 1 Min. Pause***

Ich beende nun die Übung mit einem kräftigen Gähnen ... Ich lockere dabei meinen Unter- und Oberkiefer und massiere kreisend mit meinen Fingern meinen Backenbereich ... Ich strecke und dehne mich zum Abschluss, so gut es sich für mich anfühlt, und komme dann wieder gelockert in diesen Raum zurück ...

Optionale Kurzreflexion

- ✓ Wie fühlt sich deine Mundhöhle an?
- ✓ Warum sollte man diese Übung gerade vor und nach Prüfungen durchführen?

Medientipps

Gladen, Christiane:
Bewegungsspiele zum Auspowern in der Sek I – Ideen für Klassenraum, Sporthalle und Schulhof.
Verlag an der Ruhr, 2017.
ISBN 978-3-8346-3537-2

Holterdorf, Ilona:
YoBEKA – Yoga, Bewegung, Entspannung, Konzentration, Achtsamkeit – Übungsmodule für die Sekundarstufe.
Verlag an der Ruhr, 2014.
ISBN 978-3-8346-2530-4

Holzrichter, Thurid:
Selbstfürsorge als Basis der Lehrergesundheit.
Strategien, Tipps und Praxishilfen.
Verlag an der Ruhr, 2016.
ISBN 978-3-8346-3077-3

Kelkel, Sabine:
Leichter lernen – besser denken.
Kopiervorlagen mit Übungen zu Konzentration, Logik und Kreativität.
Verlag an der Ruhr, 2016.
ISBN 978-3-8346-3064-3

Kerntke, Monika:
Aufmerksamkeit und Konzentration gezielt trainieren.
Diagnosehilfen, Selbstbeobachtungsbögen, Übungen und Spiele.
Verlag an der Ruhr, 2014.
ISBN 978-3-8346-2586-1

Reiser, Stephan; Stöhr-Mäschl, Doris:
Kleine Pausen für den Schulalltag – Kurze Übungen zur Entspannung, Aktivierung und Bewegung.
Verlag an der Ruhr, 2013.
ISBN 978-3-8346-2409-3

Stöhr-Mäschl, Doris:
Cool down! – Entspannungs- und Konzentrationsübungen im Schulalltag.
Verlag an der Ruhr, 2018.
ISBN 978-3-8346-3972-1